Vom Wunder einer Winternacht

Doris Bewernitz

Vom Wunder einer Winternacht

Weihnachtliche Geschichten
auf dem Weg zur Krippe

Mit Illustrationen von Barbara Trapp

Inhaltsverzeichnis

Schon immer haben sich Menschen Geschichten erzählt. Der sie hörte und dem sie gefielen, erzählte sie weiter, schmückte sie aus und hielt sie so am Leben. Über Jahrtausende geschah dies nur mündlich. Die Geschichten veränderten sich, wurden bunt und stark. Manche wurden später aufgeschrieben. So blieben sie erhalten. Doch auch alte Geschichten, die wir lange kennen, sollten weiter erzählt werden, um lebendig zu bleiben. Damit sie uns heute etwas angehen, müssen wir in ihnen Bezüge zu uns selbst entdecken können. Darum gibt es dieses Buch. Es erzählt verschiedene Episoden rund um eine alte Geschichte neu.

Bei uns zu Hause gab es eine hölzerne Weihnachtskrippe. Meine Mutter hatte sie gebaut. Wenn sie die Figuren aufstellte, die Hirten, die Weisen, Joseph, Maria, die Schafe, Kühe, Esel und Kamele, stand ich dabei und staunte. Mich faszinierte, dass sämtliche Figuren aus verschiedenen Richtungen kamen und dennoch alle zu einem Ziel unterwegs waren: dem Stall. Das erinnerte mich an die Fluchtgeschichten meiner Mutter, die 1945 als junge Frau monatelang zu Fuß gegangen war, Krieg und Zerstörung im Rücken, vor sich die große Hoffnung auf ein Leben in Frieden.

In dem Stall stand eine kleine hölzerne Krippe, in die am Heiligabend das Kind gelegt wurde, nachdem wir die bekannte Geschichte aus dem Lukasevangelium gehört hatten: „Es begab sich aber zu der Zeit ...“

Weihnachten wird immer wieder neu und anders erzählt. Schon die Evangelisten der Bibel nahmen sich die Freiheit, dieses Ereignis auf ihre ganz eigene, unterschiedliche Art zu berichten. Bei Matthäus gibt es keine Hirten, bei Lukas keine Weisen aus dem Morgenland, Markus setzt die Geschichte von Jesu Geburt als bekannt

voraus, er beginnt gleich von ihm als erwachsenem Mann zu berichten. Johannes geht es lyrisch an. Er erzählt vom Geschehen der Geburt verschlüsselt in Form eines Gesanges: „Im Anfang war das Wort und das Wort war bei Gott und Gott war das Wort ..." Jeder Evangelist nahm also einen anderen Fokus in den Blick und erzählte das, was ihm persönlich wichtig erschien.

In der Weihnachtsliteratur finden sich viele weitere Beispiele unterschiedlichster Darstellungen. Wenn wir als Menschen etwas begreifen wollen, müssen wir es offenbar wieder und wieder erzählen.

Doch warum feiern wir dieses Fest eigentlich noch, obwohl der vor über zweitausend Jahren versprochene Friede auf Erden mitnichten eingekehrt ist? Wahrscheinlich, weil das Ereignis der Heiligen Nacht provoziert. Seine Botschaft bringt die Ordnung durcheinander. Oben und unten, arm und reich, Himmel und Erde – alles muss neu definiert werden. Weihnachten stellt die Machtfrage. Es ist ein brisantes Fest. Damals wie heute. Und es gibt Leute, die behaupten, der zunehmende Weihnachtskitsch wolle genau diese Brisanz weichspülen und unsichtbar machen.

Die Menschen, die vor über zweitausend Jahren in das Geschehen um Jesu Geburt verwickelt waren und von denen in diesem Buch berichtet wird, sind uns gar nicht so fremd. Sie haben dieselben Ängste und Sehnsüchte wie wir. Dieselben Alltagssorgen. Dieselben Wünsche nach Geborgenheit und Würde. Dieselben Hoffnungen. Nach Frieden zum Beispiel. Bei all diesen Kriegen.

Dass wir uns nach Frieden sehnen, dass wir überhaupt eine Vorstellung von ihm haben, hat auch mit Weihnachten zu tun. Der Engel bei dem Hirten, der Stall, das Kind in der Krippe, das sind Friedenssymbole geworden. Dort, neben Ochs und Esel, in der kleinen Stadt Bethlehem, scheint für einen Moment die Welt stillzustehen und Menschlichkeit möglich zu sein. Fremde und Ausgestoßene finden einen Ort der Ruhe. Ängstliche eine höhere Ordnung. Zweifelnde schlagen neue Wege ein. Harte lassen sich anrühren. Liebende finden zueinander. Verfeindete vergeben einander. All diesen Menschen wird gesagt, dass es von nun an um sie geht. Dass von nun an die Schwachen eine Würde haben. Dass die Gewalt geächtet ist, nicht mehr das letzte Wort hat und weltliche Macht keine Macht ist, die Gott interessiert. Das Nackte, Verletzliche wird in den Mittelpunkt gerückt. Ein Kind, das unsere Liebe braucht, um zu leben. Dies ist eine Botschaft, die Menschen stark macht, weil sie das Zarteste in ihnen anspricht.

Ich glaube, gerade darum gibt es Weihnachten noch. Trotz allen Kommerzes und aller Verkitschung ist seine Botschaft stark. Die Diskrepanz zwischen dem, wie unsere Welt ist und wie sie sein könnte, wird im Stall zu Bethlehem konkret. Deshalb muss Weihnachten weitererzählt werden. Damit seine Aussage lebendig bleibt. Damit unser Versuch, aus ihm etwas Sattes und Gemütliches zu machen, scheitert. Unsere Welt kann menschlicher werden. Wenn wir uns auf die Ohnmacht und die radikale Liebe einlassen, die uns das Kind anbietet, das an diesem Tag Geburtstag hat.

SCHRITTE

Noch schlafen auf dem Felde
Die Tiere und das Gras
Noch ist die Welt so dunkel
Sei still, ich höre was

Ich hör von ferne Schritte
Als ginge jemand los
Als läge diesem Schweigen
Ein Wunder tief im Schoß

Lass uns gemeinsam lauschen
Ob es uns nah sein kann
Hörst du nicht auch die Schritte
Ich glaub, der Tag bricht an

Und Gabriel trat nahe zu mir.
Ich erschrak aber, als er kam, und fiel auf mein Angesicht.
Daniel 8,17

Was will er? Geboren werden?

Genau das sagte er. Ein Mensch will er werden. Und ich soll hingehen und es dieser jungen Frau sagen, dieser Maria. Dass sie seine Mutter sein wird.

Ich bin nur ein Bote. Ein Mittler zwischen Himmel und Erde. Zwischen meinem Herrn und den Menschen. Ich habe nur seinen Auftrag zu erfüllen. Seine Botschaften weiterzugeben.

Doch dieses Mal bin ich verwirrt. Was mein Herr vorhat, ist absurd. Normalerweise stelle ich seine Aufträge nie infrage. Ich führe sie aus. Ich bin ein zuverlässiger Bote. Ich war oft bei den Menschen. Ich kenne sie und ihre Begrenzungen mehr, als mir lieb ist. Es ist ihnen nicht gegeben, das Ganze zu sehen. Die wenigsten von ihnen schaffen es, im Laufe ihres Lebens Augen und Herz zu öffnen.

So sind sie nun mal. Er hat sie so geschaffen. Er wollte sie so. Was habe ich nach dem Warum zu fragen. Ich bin nur der Bote.

Gabriel ist mein Name, das heißt: *Gott ist stark*. Das ist wahr. Seine Geschöpfe aber, allen voran die Menschen, sind es nicht. Wie sollten sie es sein. Schwach und kleingläubig erfassen sie keine Zusammenhänge. Darum – mein Herr möge mir diese Anmaßung verzeihen – hielt ich es schon immer für falsch, sie mit einem freien Willen auszustatten. Man sieht doch allerorten, wohin das führt. Das ging schon im Garten Eden los. Dauernd treffen sie falsche Entscheidungen und halten sich dennoch für allwissend. Führen Kriege, schlachten sich

gegenseitig ab, und behaupten, das würde dem Frieden dienen. Verweigern ihren Kindern die Liebe, erheben gar die Hand gegen sie und glauben, das sei zu ihrem Besten. Sie vergiften den Stern, auf dem sie leben, die Tiere, die ihnen wohlgesonnen sind, das Wasser, das sie selbst trinken, die Luft, die sie selbst atmen. Ist das an Dummheit zu übertreffen? Ach!

Ich bin nur ein Bote. Mir steht es nicht zu, den Auftrag meines Herrn in Zweifel zu ziehen. Natürlich werde ich ihm nachkommen, wie ich jedem seiner Aufträge nachkam. Ich werde tun, was ich tun muss und stets getan habe. So wie ich damals zu Abraham ging und ihm verkündete, seine alte Frau Sara würde schwanger werden und ihm einen Sohn namens Isaak schenken. So wie ich zum Propheten Daniel ging und ihm die Träume seines Königs deutete. So wie ich Zacharias verhieß, er würde doch noch Vater, seine Gebete seien erhört worden, Elisabeth würde trotz ihres hohen Alters ein Kind gebären. Genau so werde ich auch diesen Auftrag ausführen. Ich werde zu der jungen Frau namens Maria gehen und ihr die Botschaft überbringen. Dass er sie auserwählt hat, seine Mutter zu sein.

Ein Kind will er werden ... Das wird eine Katastrophe geben, soviel ist gewiss. Warum nur will er das? Warum will er sich solch einer Gefahr aussetzen? Wenn ich bloß etwas dagegen tun könnte!

Doch ich bin nur der Bote. Ich habe seinem Willen Folge zu leisten.

Da ist sie. Maria.

Gerade kommt sie aus der Tür.

Wie jung sie ist. Kaum Frau zu nennen.

Gleich werde ich vor sie treten. Ihr verkünden, was mir aufgetragen ist.

Sie wird sich erschrecken. Sie wird erschrockener sein als Zacharias, der alt und lebenserfahren war. Ganz sicher wird sie unverständiger sein als Daniel, dessen Glaube die Löwen besänftigte und der ein Prophet war, zehnmal klüger und verständiger als alle Weisen und Zeichendeuter im Lande. Ich werde dieses Mädchen beruhigen müssen. Wenn sie sich gefasst hat, werde ich ihr sagen, wozu sie berufen ist. Dass er ein Kind werden will. Ein Menschenkind. Dass sie seine Mutter sein soll.

Wahrscheinlich wird sie nur verwirrt sein. Wie könnte sie das auch verstehen. Sie wird gar nicht begreifen, was es bedeutet. Das kann kein Mensch begreifen. Ich verstehe es ja selbst kaum.

Es ist zum Verzweifeln! Warum will er sich all seiner Macht entäußern? Mit welchem Ziel? Will er sich wirklich diesen verantwortungslosesten und hartherzigsten seiner Geschöpfe ausliefern? Sieht er denn nicht, was sie einander antun? Wozu sie fähig sind? Glaubt er immer noch an sie?

Was bleibt mir übrig. Ich bin ein zuverlässiger Bote. Ich muss seine Botschaft ausrichten. Schließlich war er es, der seine Geschöpfe mit einem eigenen Willen ausstattete. Er wollte sie so. Er wird seine Gründe gehabt haben.

Moment. Natürlich! Das ist es!

Er wollte sie so. Er wollte, dass sie eigene Entscheidungen treffen. Dass sie ja und nein sagen können. Genau das kann ich doch nutzen! So kann ich die Katastrophe verhindern. Dass die Menschen sich gegenseitig umbringen – schlimm genug! Aber meinen Herrn sollen sie nicht quälen! Ihn nicht! Dafür werde ich sorgen.

Ja, so mache ich es.

Ich werde diesem Mädchen die Botschaft überbringen. Aber ich werde mehr tun. Ich werde ihr auch die Gefahren aufzeigen. Für einen Moment werde ich den Schleier der Blindheit von ihren Augen reißen und sie alles Schreckliche erkennen lassen, das passieren kann, käme sie auf die Idee einverstanden zu sein mit dieser Mutterschaft. Ich werde ihr zeigen, welche Anfeindungen auf sie zukommen können. Wie die Leute mit ihr umgehen werden. Ich werde ihr zeigen, was mit ihrem göttlichen Kind geschehen kann. Ich werde es ihr deutlich ausmalen. Keine Schrecklichkeit werde ich auslassen. Sie soll es vor sich sehen.

Und dann werde ich sie fragen, ob sie das will.

Sie wird voller Angst und Grauen sein. Sie wird keine Entscheidung von solcher Tragweite fällen können. Auf keinen Fall wird sie zustimmen können. Niemals.

Sie wird nein sagen.

Sie kann nur nein sagen, unter diesen Umständen.

Sie wird nein sagen, dessen bin ich sicher.

Sie wird nein sagen und alles wird gut.

ANDREA – DIE SEHENDE

Ein jegliches hat seine Zeit.
Prediger 3,1

Es lebte eine Frau in Bethlehem, die hieß Andrea. Sie war so alt, dass alle, die sie früher gekannt hatte, schon gestorben waren. Sie litt jedoch keineswegs unter dem Alleinsein, im Gegenteil. Sie hatte gelernt, nach innen zu gehen, und dort war sie nicht allein. In ihr war alles, was sie brauchte. Sie verbrachte in Ruhe ihre Tage, hütete ihre Erfahrungen und überschritt die Grenzen der Zeit in jegliche Richtung.

Zwar waren ihre Hände kraftlos geworden, und sie hatte Mühe, ihre Suppe zu essen ohne etwas zu verschütten. Zwar waren ihre Füße müde, und sie kam nur noch langsam voran. Doch je mehr ihre äußeren Kräfte schwanden, umso stärker wurden ihre inneren. Ihr Geist war klar wie ein Schwert, und ihre Seele hatte große Kraft. Darum konnte sie in Gedanken überall hingehen. Sie unterhielt sich mit der Sonne, dem Mond und dem Wind ebenso gut, als wenn es ihre Nachbarn wären. Sie sah an den Wolken, ob sie Regen mit sich führten. Sie wusste im Voraus, wann die Blumen im Frühjahr sich daran machen würden, die Erde zu durchbrechen. Sie konnte den Tag angeben, an dem es im Herbst Zeit für die Blätter war, von den Bäumen zu fallen, und wusste schon im Sommer, ob der kommende Winter hart werden würde.

Seit einigen Jahren hatte die alte Andrea, die nur noch wenig Schlaf benötigte, es sich zur Gewohnheit gemacht, nachts an ihrem Fenster zu sitzen und die Sterne zu beobachten. Es waren viele Sterne am Himmel. Andrea wusste ihre Namen, bewunderte ihre Schönheit und verlässlichen Bahnen und freute sich, wenn sie den

einen oder anderen dort oben wiedererkannte. Da entdeckte sie eines Nachts, dass am Himmel eine gewisse Unruhe entstand. Die Sterne änderten ihre Richtung. Sie schaute genauer hin und stellte fest, dass mitten unter den Tausenden und Abertausenden Lichtern ein neuer Stern aufgetaucht war. Wunderbar hell leuchtete er und zog einen goldenen Schweif hinter sich her.

Andrea kannte die alten Weissagungen. Sie wusste, dass es mit solch einem Stern eine besondere Bewandtnis hatte. Wenn er stehen blieb, kündigte er ein neues Zeitalter an.

Die alte Frau saß an ihrem Fenster und betrachtete den Stern. Langsam zog er über den Nachthimmel. Wann und wo er wohl stehen bleiben würde? Sie wusste, dass ihre Zeit auf Erden bald um war, doch diese vom Stern verkündete neue Zeit hätte sie gern noch erlebt. Und weil sie innen alles sehen konnte, schloss sie die Augen.

Tatsächlich sah sie nach einer Weile, dass der Stern bald anhalten würde. Sie sah einen Engel, der einen Fehler machte. Sie sah eine junge Frau, die einer großen Herausforderung zustimmte und bei ihrer Aufgabe dreierlei Hilfe fand: Von einer Verwandten, die sich mit ihr freute, von einem Mann, der zu ihr hielt, obwohl er damit gegen das Gesetz verstieß, und von einer Landstreicherin, die ihr half und sie beschenkte. Andrea sah, dass der Stern hell schien und drei weisen Männern aus fernen Ländern den Weg wies. Sie sah diese Männer mit ihren Kameltreibern durch die Wüste ziehen und Strapazen leiden. Sie sah ein mutiges Mädchen einen Esel befreien und diesen Esel fröhlich in die Welt laufen. Sie sah eine kranke Frau neben einem Dornbusch hocken und auf den Tod hoffen, und einen ziemlich dicken Mann mit einem Messer hinter einem Huhn her rennen und es doch nicht erreichen. Sie sah, dass der Stern stehen blieb, ganz in der Nähe ihres Hauses, und dass genau unter ihm ein Kind geboren wurde, das den Menschen ein Beispiel gab. Sie sah dieses Kind in einer Krippe liegen und zwei Hirten dabeistehen. Der eine, fast noch ein Knabe, sang ihm Schlaflieder vor. Der andere war erwachsen und weinte. Sie sah viele Schafe allein durch die Nacht laufen, entdeckte einen ziemlich klein geratenen Zaunkönig, eine Katze, die Hunger hatte und dennoch aufs Mausen verzichtete, und eine Kuh, die sich müde ins Stroh legte. Sie sah einen Soldaten, der sein Schwert wegwarf, und eine Frau, die um ihr totes Kind weinte. Und ganz am Ende sah sie einen riesigen Mann ein Kind über einen reißenden Fluss tragen. Er hatte Mühe damit, obwohl das Kind noch recht klein war, doch er schaffte es und erhielt als Belohnung einen neuen Namen.

All diese Bilder standen ihr vor den geschlossenen Augen. Obwohl ihr deren Bedeutung noch unklar war, wusste sie, dass die Bilder zusammengehörten und am Ende einen Sinn ergeben würden. Und da ihr schien, dass das neugeborene Kind Frieden auf die Welt bringen würde, war sie von Herzen froh. Denn Krieg hatte sie in ihrem Leben mehr als genug gehabt.

Nachdem sie all dies gesehen hatte, dämmerte der Morgen. Andrea saß am Fenster, lauschte, schaute hinaus und wäre am liebsten gleich losgezogen, um nachzusehen, wo der Stern stehen bleiben würde. Doch ihre Beine waren zu alt und ihre Kraft zu gering. Darum beschloss sie, wenigstens von dem kommenden Ereignis zu berichten, und begann, allen Nachbarn, die am Fenster vorbeigingen, von dem Stern zu erzählen und von dem Kind, das bald geboren werden würde.

Doch ihre Nachbarn schauten sie nur verständnislos an. Sie wunderten sich lediglich, dass die alte Frau, die schon lange mit niemandem mehr ein Wort gewechselt hatte, plötzlich so mitteilsam geworden war. Sie lächelten höflich und gingen weiter.

Andrea sah es ihnen nach. Die Erfahrung hatte sie gelehrt, dass Menschen stets eine Weile brauchten, um etwas Neues zu verstehen. Es nützte nichts, sie mit der Nase darauf zu stoßen. Jeder wollte selbst alles erleben und eigene Schlüsse ziehen. Es bedurfte nun einmal vieler Widersprüche, um das Leben voranzubringen: Sommer und Winter, Gut und Böse, Hunger und Sattsein, Tag und Nacht. Alles gehörte zusammen. Alles geschah, wenn es reif war.

Und da sie alt genug war, wusste sie auch, dass das Gute auf der Welt besonders lange brauchte um zu wachsen. Und etwas so Gutes wie das, was ihr die Bilder dieser Nacht gezeigt hatten, wahrscheinlich noch länger.

MARIA – DIE ENTSCHEIDENDE

*Da sprach Maria zu dem Engel: Wie soll das
zugehen, da ich doch von keinem Manne weiß?*
Lukas 1,34

Nun wird es Zeit, dass ich meine Geschichte einmal
selbst erzähle. Denn an jenem Tag, als mich der Engel
besuchte, bin ich von einem Moment zum anderen ein
neuer Mensch geworden.

Es haben ja schon viele die Geschichte erzählt.
Schriftkundige Männer haben sie sogar aufgeschrieben.
Sie haben berichtet, dass ein Engel zu mir kam. Dass
er mir sagte, ich würde schwanger werden und Gottes
Sohn zur Welt bringen. Sie haben gesagt, dass ich Gottes
fromme Magd war, demütig und still. Dass ich allem,
was er von mir wollte, zustimmte, genau so, wie ich es
von klein auf gelernt hatte. Aber sie haben etwas Ent-
scheidendes ausgelassen. Etwas, das sie nicht wissen
konnten. Sie waren ja nicht dabei. Niemand war dabei
außer mir und dem Engel. Darum fehlt in der Geschichte der Schriftkundigen ein Detail. Weil nur ich davon
weiß.

Als ich sechs Jahre alt war, brachten mein Vater und
meine Mutter mich zum Tempel. Sie sagten, ich sei Gott
geweiht und darum würde ich fortan dort leben. Sie gaben mich bei den Priestern ab und gingen weg. Diesen
Tag werde ich nie vergessen. Ich glaubte sterben zu müssen, so einsam war ich. Meine Eltern und Geschwister
fehlten mir.

Doch was sollte ich machen? Wenn man ein Mädchen ist, entscheiden andere über einen. Am meisten
vermisste ich meine Großmutter, die mir so schöne Geschichten erzählt hatte. Ich schluckte meine Tränen herunter und verrichtete den Dienst im Tempel. Ich holte

Wasser vom Brunnen, kochte das Essen, fütterte das Vieh, putzte und wusch. Ich gehorchte.

Einige Jahre später sollte ich vermählt werden. Die Priester bestimmten einen Tag. Sie ließen Witwer in den Tempel kommen. Sie entschieden sich für Joseph.

Ich sah diesen alten Mann an und war traurig. Doch Joseph sprach freundlich mit mir. Das half etwas. Die Priester verlobten uns. Joseph nahm mich mit nach Nazareth. Da war ich fünfzehn.

Joseph arbeitete als Zimmermann. Er hatte eine eigene Werkstatt. Weil wir bisher nur verlobt waren, schickte es sich nicht, dass wir in einem Hause zusammen lebten. Also nahm er einen Auftrag auf einer Baustelle außerhalb an und bat zwei ältere Frauen, sich um mich, seinen Haushalt, seine Äcker, Tiere und Angelegenheiten zu kümmern. Für ein halbes Jahr sollte ich ohne ihn in seinem Haus leben, wie es das Gesetz vorschrieb. Wenn er zurückkäme, sagte er, würden wir heiraten.

Für mich war alles neu. Ich musste mich umgewöhnen, aber ich hatte auch genug zu tun in dieser Zeit. Ich holte Wasser vom Brunnen, kochte das Essen für mich und die Frauen, fütterte das Vieh, versorgte den Garten, putzte und wusch. Es war eigentlich wie immer, nur dass ich nun im Haus meines zukünftigen Mannes lebte statt im Tempel.

Doch dann kam dieser Tag im Mai.

Der alles veränderte.

Die Luft war warm. Die Meisen bauten ihre Nester in den Olivenbäumen. Die Granatäpfel blühten und verströmten einen süßen Duft, der bis ins Innere des Hauses drang. Ich konnte den Gesang der Lerchen hören und meine Augen über den strahlend blauen Himmel wandern lassen. Eben hatte ich das Fladenbrot fertig gebacken und die Linsen gekocht. Ich wollte gerade in den Hof gehen, um die Gurkenpflanzen zu gießen, als es plötzlich unbeschreiblich hell um mich wurde.

Ich war geblendet und erschrak über alle Maßen.

Da trat aus dem Licht ein Engel zu mir.

Er trug eine Lilie in der Hand und sagte: „Lebe, Maria! Du Gebenedeite unter den Weibern."

Ich stand ganz still. Was meinte er nur damit?

Der Engel hob die Hand und segnete mich.

Dann reichte er mir die Lilie und sagte, wozu ich berufen sei. Er sagte, Gott wolle, dass ich schwanger werde und ein besonderes Kind zur Welt bringe. Einen Jungen. Der später sehr berühmt werden würde. Doch würde ich nicht durch den Willen eines Mannes schwanger werden, sondern durch Gottes Geist.

Während er so merkwürdig redete, war mir, als würde ein Vorhang zur Seite gerissen, der bis zu diesem Tag vor meinen Augen gewesen war. Die Wahrheit kam über mich. Auf einmal sah ich sie deutlich vor mir. Ich sah, wie alles zusammenhängt und was geschehen würde. Was auf mich und Joseph und das Kind zukäme: Seltsames und Schönes, Wunderbares und Schreckliches. Ich sah, wie freundlich mein Sohn sein würde, so freundlich, dass er die Menschen innen und außen heilen konnte. Ich sah, dass ihm viele Leute nachfolgten, weil sie ihn liebten. Ich sah aber auch, dass er Feinde hatte, böse Menschen, die ihm nach dem Leben trachteten. Ich sah ihn heranwachsen, sah sein Leben und Sterben, alles in einem Bilde, und mich schauderte bei diesem Anblick.

Nachdem ich all dies gesehen und der Engel also gesprochen hatte, tat er etwas Unglaubliches. Etwas so

Merkwürdiges, dass ich es noch nicht einmal Joseph erzählt habe. Er tat etwas, wovon später niemand berichtete. Etwas, das niemand aufschrieb.

Er fragte: „Willst du das, Maria?"

Seine Stimme war sanft und voller Achtung.

Er stand da, ganz ruhig, und wartete meine Antwort ab.

Noch nie vorher hatte mir jemand solch eine Frage gestellt. Nie hatte jemand mir zugetraut, selbst entscheiden zu können. Ich war nur gehorsam gewesen. Ich hatte mich mein Leben lang von der Meinung anderer leiten lassen. Alle, mit denen ich zu tun gehabt hatte, hatten mir viel beigebracht, mein Vater, meine Mutter, meine Großmutter, die Priester, doch niemals hatte mich jemand nach meiner eigenen Meinung gefragt.

Als der Engel das tat, verschlug es mir erst mal die Sprache.

Aber dann fand ich es wunderbar. Auf einmal wurde mir klar, dass es mehr als Gehorsam gibt. Dass es Wichtigeres gibt im Leben, als den Erwartungen anderer zu entsprechen. Er wollte ein Ja oder ein Nein hören. Von mir! Ich sollte es entscheiden! Ich, eine Frau!

Mir ging das Herz auf. Dass mich einer derart ernst nahm. Das muss man sich vorstellen ...

Seine Frage veränderte alles. Als wäre ich in diesem Moment erwachsen geworden.

Ich sah, dass dieser Engel, der so sanftmütig vor mir stand, in Wahrheit einen großen Schmerz in sich trug. Er litt. Er litt darunter, was wir Menschen aus unseren Gaben gemacht hatten. Ich begriff, dass sein Leid so groß war, dass er am liebsten dreingeschlagen hätte mit einer Axt, um unsere gefrorenen Seelen aufzutauen. Doch zugleich wusste ich, es bedurfte etwas anderem als einer Axt, um das zu schaffen. Der Wärme bedurfte es. Der unendlichen Sanftheit und Liebe. Ich war mir vollkommen sicher, dass das Kind, von dem er gesprochen hatte, diese Sanftheit und Liebe war. Und dass dieses Kind eine Mutter brauchte.

Ich hob mein Haupt, sah dem Engel in die Augen und sagte ja.

Ja zu diesem Kind. Mit allem, was dazu gehört. Ich sagte, dass ich einverstanden sei mit Gottes Vorschlag. Dass ich dieses Kind in meinem Körper tragen und es zur Welt bringen möchte. Dass ich für es sorgen will, so gut ich kann.

Der Engel sah mich verwundert an.

Ja, ich habe es selbst entschieden. Ganz allein. Das ist mir wichtig.

Nie hätte ich so von Herzen ja sagen können, wenn der Engel mir diese Frage nicht gestellt hätte.

Später haben schriftkundige Männer die Geschichte ein wenig anders erzählt. Sie haben sie so aufgeschrieben, wie sie ihnen besser passte. Dass ich gefragt wurde, haben sie ausgelassen. Vielleicht war es ihnen unheimlich, dass Frauen Entscheidungen treffen.

Aber nun wurde es doch einmal Zeit, dass ich erzähle, wie es wirklich war. Dass ich Zeugnis ablege von diesem wichtigsten Tag in meinem Leben, der mich stark machte, weil mir jemand eine Frage stellte.

ELISABETH – DIE UNTERSTÜTZENDE

Da ich die Stimme deines Grußes hörte,
hüpfte vor Freude das Kind in meinem Leibe.
Lukas 1,44

Elisabeth ist für biblische Verhältnisse eine alte Frau. Schon Mitte fünfzig, grauhaarig, mit Runzeln im Gesicht. Sie ist die Cousine von Maria, doch vom Alter her könnte sie ihre Großmutter sein. Maria muss eine enge Beziehung zu dieser Verwandten gehabt haben, denn kaum weiß sie, dass sie schwanger ist, beschließt sie Elisabeth zu besuchen. Vielleicht will sie die Ältere um Rat fragen. Oder ihr erzählen, was ihr da widerfahren ist mit dem Engel, dass sie ja gesagt hat zu diesem Kind. Vielleicht will sie Elisabeth fragen, wie sie sich nun verhalten soll.

Die Weihnachtsgeschichte beginnt lange vor Bethlehem mit zwei schwangeren Frauen. Denn nicht nur Maria ist in anderen Umständen, auch die alte Elisabeth. Nach einem langen Leben der Kinderlosigkeit, mit über fünfzig, ist das Wunder geschehen. Jahrzehntelang war sie der Schmach ausgesetzt gewesen, den scheelen Blicken der Nachbarinnen, dem herablassenden Lächeln, wenn sie vorüberging, dem Getuschel. Sie musste es aushalten, dass sich die Leute die Mäuler über sie zerrissen, und sicher hat sie diese indiskrete Frage öfter gehört als ihr lieb war: Wollt ihr nicht oder könnt ihr nicht? Und nun ist es doch noch passiert. Sie erwartet ein Kind. Ihr Leben wird noch einmal völlig umgekrempelt.

Die Bibel berichtet von Elisabeths Glück. Doch vermutlich wird sie neben der Freude auch besorgt gewesen sein. Sie wird sich gefragt haben, ob sie das alles in ihrem Alter noch schafft. Ob sie durchhalten wird, bis das Kind erwachsen ist. Sie wird sich vielleicht auch ein we-

nig geschämt haben. Jedenfalls können wir nachlesen, dass sie fünf Monate lang nicht das Haus verließ.

Weihnachten beginnt mit zwei Frauen. Was passiert, wenn man schwanger ist, können nur Frauen wissen. Alles verändert sich. Die Hormone spielen verrückt. Der eigene Körper wird fremd. Und dann fängt dieses unsichtbare Kind in einem an, sich zu bewegen. Welch ein unglaubliches Gefühl, das man nie mehr vergisst! Natürlich freut man sich, aber es tauchen auch neue Ängste auf: Geht es dem Kind gut? Worauf muss ich achten? Wie wird die Geburt sein? Werde ich große Schmerzen haben? Werde ich das Kind stillen können, gut für es sorgen können, Gefahren von ihm abwenden können, es richtig erziehen?

Eine Schwangerschaft ist eine Zeit des Umbruchs, der Unsicherheit. Sie birgt Risiken für Mutter und Kind. Und nicht jede Schwangere erfährt nur freundliche Reaktionen. Was sagen die Leute wohl zu einer wie Elisabeth, die nun als alte Frau mit einem dicken Bauch dasteht? Was sagen sie zu einem blutjungen Mädchen wie Maria, das vor der Hochzeit in andere Umstände gerät, obwohl alle wissen, dass ihr Verlobter Joseph, der sie in seinem Haus untergebracht hatte, seit Monaten weit weg von Nazareth auf einer Baustelle arbeitet und auf keinen Fall der Vater sein kann?

Maria jedenfalls will unbedingt ihre Cousine Elisabeth besuchen. Kaum ist der Engel weg, macht sie sich auf den Weg. Sie schreitet zügig aus. Sie ist noch tief erschüttert, unsicher, aufgewühlt, durcheinander. Sie weiß kaum wohin mit ihrem Gefühlschaos. Sie will mit jemandem reden, dem sie vertraut. Wie kann sie Elisabeth nur sagen, was ihr passiert ist? Ob die Verwandte ihr das mit dem Engel glaubt? Ob sie denkt, dass sie Joseph untreu geworden ist? Ob sie ihr Vorhaltungen machen wird, wenn sie mit der Sprache herausrückt? Sie weiß, dass ihre Cousine ebenfalls schwanger ist, schon im sechsten Monat, vielleicht hofft sie von daher auf Verständnis. Vielleicht möchte sie ganz praktische Tipps von der Älteren: Wie funktioniert eine Geburt? Wie bereite ich mich darauf vor? Wie sage ich es Joseph? Was mache ich, wenn er mich verstößt? Soll ich es ihm überhaupt sagen?

Maria hofft auf Beistand. Noch ist ihr unklar, wie Elisabeth reagieren wird. Sie nimmt einen weiten Weg auf sich. Einen Weg übers Gebirge. Von Nazareth aus musste sie erst zum See Genezareth laufen, dann am Jordanfluss entlang nach Süden und schließlich vom Flusstal aus ins Bergland aufsteigen. Das war ein beschwerlicher Fußmarsch von drei bis vier Tagen. Was wird ihr in dieser Zeit wohl alles durch den Kopf gegangen sein?

Sie schafft es. Sie kommt an.

Elisabeth öffnet ihr die Tür.

Und da geschieht etwas Wunderbares.

Noch ehe Maria ein Wort sagen kann, wird sie von ihrer Cousine herzlich begrüßt.

Elisabeth ruft: „Gesegnet bist du unter den Frauen, und gesegnet ist die Frucht deines Leibes! Da ich deine Stimme hörte, hüpfte vor Freude das Kind in meinem Leib!"

Elisabeth sieht ihre kleine Cousine also nur einmal kurz an, und schon weiß sie Bescheid. Maria muss es ihr gar nicht mehr beibringen, das mit der Schwangerschaft. Doch es geschieht noch mehr. Elisabeth freut sich mit ihr. Sie segnet Maria. Kein Wort von Besorgnissen. Keine Verurteilung. Keine Kritik. Keine Bemerkung über den falschen Zeitpunkt vor der Hochzeit. Keine Fragen nach dem Vater. Kein: Das gehört sich nicht. Kein: Was werden die Leute sagen. Nur Freude.

Elisabeth heißt Maria willkommen und gönnt ihr von Herzen alles Glück. Sie als Ältere baut der Jüngeren eine Brücke: Schön, dass du da bist. Ich mag dich, wie du bist. Alles ist gut.

Welch ein Segen für Maria. Elisabeth akzeptiert ihre Schwangerschaft nicht nur, sie ist geradezu begeistert davon! Maria müssen Zentnerlasten von der Schulter gefallen sein bei dieser Begrüßung. So viel Mitfreude und solch wohlwollende Gesten werden ihr ungemein gut getan haben. Das ist das Beste, was einem jungen Menschen in einer Krisensituation passieren kann.

Auf Maria hat diese Mitfreude eine enorme Wirkung. Sie wird von der Begeisterung ihrer Cousine geradezu angesteckt. Sie beginnt zu jubeln. All ihre Unsicherheiten und Ängste sind weggeblasen. Sie stimmt einen Lobgesang an, ihr berühmtes Magnifikat, das man auch als Widerstands- oder Befreiungslied bezeichnen könnte. Sie singt vom Sieg der Unterdrückten, von der Freiheit der Frauen, von der Rettung der Ausgestoßenen und Verachteten: „Er stößet die Gewaltigen vom Thron und erhebet die Niedrigen. Die Hungrigen füllet er mit Gütern und läßt die Reichen leer ausgehen ..."

Maria, die eben noch mit bangem Herzen übers Gebirge wanderte, deren Gedanken gerade noch darum kreisten, wie sie sich Elisabeth erklären soll, ist verwandelt. Sie strotzt vor Selbstbewusstsein, Mut und Lebensfreude. Sie ist frei und leicht, sie beginnt zu schwärmen und entfaltet in ihrem Lied eine Utopie: die alte Menschenhoffnung nach Frieden und Gerechtigkeit. Und sie verspricht, dass sie ihren Teil dazu beitragen wird, so gut sie kann, damit sich diese Hoffnung eines Tages erfüllt. Ja, sie weitet Mitfreude und Wohlwollen auf alle Menschen aus.

Etwas Wunderbares ist ihr passiert. Sie hat Liebe und Unterstützung von einer Freundin erfahren. Davon werden wir Frauen stark.

Marias Magnifikat, das wir im Lukas-Evangelium nachlesen können, ist der deutlichste politische Text der Bibel. Da geht es um die Würde derer, die am Rand der Gesellschaft stehen, um das Recht der Armen und Verachteten. Da ist die Rede davon, dass die Machtverhältnisse umgekehrt werden müssen. Dass diese Welt menschlicher werden kann und muss. An diesem Lied gibt es nichts herumzudeuteln. Es hat eine klare Sprache. Da ist es vorbei mit dem Weihnachtskitsch.

Wenn Frauen sich unterstützen, werden sie solidarisch. Sie ändern die Welt, indem sie sich ändern. Sie schauen hin, zeigen Haltung, stehen gegen Unrecht auf und beziehen alle Benachteiligten in ihre Überlegungen und Handlungen mit ein.

Weihnachten beginnt lange vor Bethlehem mit einer Frauenfreundschaft. Diese beiden Frauen kennen die ihnen zugewiesene Rolle. Und lehnen sie ab. Sie wissen, was Demütigung heißt. Elisabeth hat sie hinter sich,

Maria vor sich. Jahrzehntelange Kinderlosigkeit, wie bei Elisabeth, galt damals als Strafe Gottes. Unehelich schwanger zu werden wie Maria, galt als Verbrechen. Andere in dieser Situation wären verstummt und hätten sich geduckt, um der Häme und Strafe auszuweichen. Nicht so diese beiden. Sie protestieren gegen menschenunwürdige Verhältnisse und Rollenzuschreibungen. Sie finden einen Sinn in ihrem Sein. Sie stärken sich gegenseitig.

Drei Monate bleibt Maria bei Elisabeth. Eine Zeit voller Vertrauen und Verständnis wird das gewesen sein, eine Zeit, in der sie einander gut waren. Sie werden viel beredet haben. Sie werden sich Mut gemacht, ihre Sorgen und ihr Glück, ihre Unsicherheit und Ängste geteilt haben. Vor allem aber werden sie sich miteinander auf ihre Kinder gefreut haben. Was sich in dieser Zeit entwickelt, ist eine neue Haltung zum Leben: eine weibliche. Insofern ist das Wort ‚Jungfrauengeburt‘ auch nicht naturwissenschaftlich gemeint, sondern mythisch. Es beschreibt, dass hier etwas noch nie Dagewesenes zur Welt kommt, jenseits männlicher Potenz und patriarchaler Machtstrukturen. Maria und Elisabeth haben Grenzen überschritten.

Nach den drei Monaten kehrt Maria nach Nazareth zurück. In dieser Zeit ist sie gereift. Nun ist sie selbstbewusst und entschlossen genug, Joseph gegenüberzutreten. Nun kann sie ihm sagen was los ist. Nun ist sie stark genug, sich allem zu stellen, was auf sie zukommt.

Wie gut, dass Weihnachten mit einer gelingenden Frauenfreundschaft beginnt. Ist es nicht erstaunlich, wie stark wir Frauen werden und wie viel Schönes wir in die Welt bringen können, wenn wir zusammenhalten, uns unterstützen, wertschätzen und gegenseitig das Beste gönnen?

Denn es werden Wasser in der Wüste
hervorbrechen und Ströme im dürren Lande.
Jesaja 35,6

Eigentlich wäre ich lieber zu Hause geblieben. Wegen Schamira. Sie ist noch so klein. So flauschig. Sie braucht mich. Um so ein Füllen muss man sich kümmern, damit es groß und stark wird. Darum wollte ich nicht mit. Der Lohn hat mich gelockt. Schon seit Jahren träume ich von einer eigenen Herde. Es wird Zeit, ich bin schon zwanzig. Erst mit einer eigenen Herde kann ich eine Frau nehmen und eine Familie gründen. Doch für eine Herde brauche ich Geld. Die kleine Schamira, ein gerade entwöhntes Füllen, habe ich im letzten Monat von meinem Onkel zum Geburtstag bekommen. Er ist auch Kamelzüchter.

Die fremden Herren, die vor drei Wochen in unserem Dorf auftauchten, suchten neue Kameltreiber für eine Reise durch die Wüste. Man sah ihnen an, dass sie schon lange unterwegs waren. Sie schickten ihre erschöpften Treiber zurück. Sie sagten, sie würden gut zahlen. Da dachte ich, wenn ich das mache, habe ich am Ende der Reise Geld für ein neues Kamel. Nur darum habe ich mich bei ihnen verdungen. Lieber wäre ich bei Schamira geblieben. Sie ist das schönste Füllen auf der Welt. Ihr Fell ist noch weich und goldfarben. Ihre Lippen sind wie Samt. Am liebsten möchte ich sie den ganzen Tag streicheln. Aber nun habe ich sie bei meinem Onkel gelassen und bin mit den fremden Herren unterwegs. Seit drei Wochen schon. Jeden Tag denke ich an Schamira. Mein Onkel sagte, er kümmert sich um sie. Sicher tut er das. Ob es ihr gut geht? Wenn ich wenigstens wüsste, wie lange wir noch unterwegs

sind! Wann bin ich wieder daheim? Die Männer, für die wir arbeiten, geben mir keine Antwort. Ich habe schon zweimal gefragt.

Durch Steppe und Wüste geht es, durch Glut und Geröll. Wir Kameltreiber sind zu siebt. Wir haben alle Hände voll zu tun. Brunnen oder Oasen finden, Wasser in Schläuche füllen, Holz sammeln, Feuer machen, Brot backen. Morgens packen wir das Gepäck auf die Tragtiere, abends packen wir alles wieder ab und bauen die Zelte auf. Es ist eine schwere Arbeit. Die Herren, die angeblich Gelehrte sind, reiten auf ihren Kamelen, reden merkwürdiges Zeug und schauen dauernd in den Himmel.

Ich kenne mich mit Gelehrten nicht aus. In unserer Familie sind alle Kamelzüchter. Den Beruf habe ich von meinem Vater gelernt und der von seinem Vater und immer so weiter. Ich weiß alles über Kamele. In ihren Augen sehe ich, ob sie eher folgsam oder störrisch sind. Ob sie gesund sind oder krank. Ich erkenne mit einem Blick, ob ich ein Leittier vor mir habe. Ich weiß, wie lange sie ohne Wasser auskommen, welches Futter sie nötig haben, um kraftvoll zu bleiben. Ich weiß, was man ihnen aufladen darf.

Wegen des Geldes bin ich mitgegangen. Nun laufe durch die Wüste und sehne mich nach Schamira. Hat sie, was sie braucht? Sollte ich besser umkehren? Nach ihr schauen? Doch wenn ich umkehre, war die Mühe umsonst. Den Lohn gibt es erst am Ende.

Stattliche Kamele haben diese Herren Gelehrten.

Drei junge Reitstuten mit gestickten Ledersätteln, und für die Lasten zwei ältere Stuten und einen Hengst. Die Älteste ist das Leittier. Was sie alles mitschleppen! Zu den Zelten, dem Essen und den Wasserschläuchen noch wertvolle Geschenke. Und dann sitzen sie da oben und gucken in den Himmel. Merkwürdige Leute. Wir Treiber gehen natürlich zu Fuß. Gehen und gehen, als nähme das nie ein Ende! Was nützt mir Geld, wenn mein Kamel eingeht? Nicht jeder hat mit zwanzig eine eigene kleine Stute. Die muss man hegen und pflegen. Das interessiert diese Herren nicht. Ständig reden sie von ihrem Stern. Dabei müssten wir Wasser finden. Die Kamele sind erschöpft. Ihre Augen trüb. Es ist fast eine Woche her, dass wir den letzten Brunnen sahen. Die Wasserschläuche gehen zur Neige. Ich bin wütend auf die Herren. Sind die Kamele ihnen egal? Immer weiter und weiter ziehen wir in die Wüste hinein. Um Wasser zu finden, müssten wir einen ganz anderen Weg einschlagen. Dort entlang, sagen sie, als wüssten sie Bescheid.

Nun haben wir wieder das Nachtlager aufgebaut. Es reicht mir. Ich will endlich wissen, wann es vorbei ist! Ich frage noch einmal. Den prächtigsten der Herren. Zum dritten Mal frage ich: Wohin gehen wir? Wie lange dauert es noch?

Der Befreier kommt, sagt er. Der ersehnte König. Von einer Prophezeiung redet er. Vom Stern, dem sie folgen müssen.

Das hätte ich mir denken können, dass kluge Herren so reden. Sterne und Prophezeiungen. Über Wasser sollten sie reden. Über Wasser!

Die Kamele sind durstig, habe ich gesagt. Wir müssen einen Brunnen suchen! Und was erwidert er? Der Stern würde uns den Weg weisen. Zum neuen König. Einem König, der die Welt retten wird.

Ein neuer König! Als ob es nicht schon genug Obrigkeit gäbe, die uns das Leben schwer macht. Warum wollen sie zu dem? Wahrscheinlich wollen sie ihm ihre Aufwartung machen. Sie halten eben zusammen, die Oberen. Sie reiten, wir laufen. Das wird sich nie ändern. Von wegen Welt retten! Ich könnte ihnen erzählen, was Könige tun. Den kleinen Leuten das Blut aussaugen. Die Abgaben erhöhen. In Nachbarländer einfallen. Rauben und morden. Lange genug sind wir jetzt unter römischer Besatzung. Ich weiß Bescheid. Könige retten die Welt nicht. Es müsste mal einer kommen, der eine neue Idee hat. Der uns einfache Leute sieht. Der sich mit Kamelen auskennt und gut mit ihnen umgeht. Kein König. Einer von uns müsste das sein. Einer, der Brunnen baut und Zisternen. Einer, der den Reichen das Zuviel nimmt und es den Armen gibt. Einer, der weiß, wie wichtig Wasser ist.

Jetzt ist Schluss. Ich will zu Schamira. Ich kehre um. Man muss nicht jeden Weg zu Ende gehen. Wenn man weiß, was richtig ist, muss man es tun. Ich weiß jetzt, was richtig ist. Es war falsch, mein kleines Kamel alleine zu lassen. Ich muss für es da sein.

Ja, wenn einer käme, der jeden Menschen so liebt, wie ich meine Schamira. Da würde sich mal was ändern!

Sollen sie doch weitergehen und ihren König suchen. Ich kehre um. Kein König ist so wichtig wie mein kleines Kamel. Es braucht mich.

Um mich ist es Nacht. Ich bin schon weit gegangen. Wenn ich mich umschaue, sehe ich in der Ferne das Feuer der anderen Treiber. Ausgelacht haben sie mich, als ich ihnen sagte, dass ich umkehre. Ohne Lohn.

Na und? Ich weiß, was ich will, und kenne den Weg. Bald bin ich daheim.

DEM STERN FOLGEN

Drei Sterndeuter gehn einen staubigen Weg
Sie haben die Hoffnung in ihrem Gepäck
Sie wollen den neuen König sehn
Sie folgen dem Stern sie gehn und gehn

Und jeder der drei trägt ein kleines Licht
Hell schimmern die Flammen in ihrem Gesicht
Hell leuchtet der Stern am Himmelszelt
Hell hoffen sie auf den Herrn der Welt

Wo ist dein Stern wo gehst du hin?
Wie heißt deine Hoffnung was gibt dir Sinn?
Wofür verausgabst und mühst du dich?
Wofür lässt du alles andre im Stich?

Drei Kerzen brennen bald kommt die Zeit
Drei Sterndeuter gehen der Weg ist weit
Drei Berge müssen sie noch übersteigen
Bevor sich die Türme von Bethlehem zeigen

Geh mit und trage auch du ein Licht
Und kommst du zum Stall so erschrecke nicht
Dort liegt nur ein Kind das will keine Macht
Es wartet mit dir auf das Ende der Nacht

JOSEPH – DER UNSCHEINBARE

Er stand auf, nahm das Kind und seine Mutter
des Nachts und zog hin nach Ägypten …
Matthäus 2,14

Joseph? Wer war das noch? Ist das nicht der, der in den Krippendarstellungen immer irgendwo mit seiner Laterne im Stall herumsteht, als gehöre er nicht recht dazu? Alle anderen scheinen wichtiger zu sein: Maria, das Kind, die Engel, die Hirten, die Könige. Selbst Ochs und Esel sind vielen geläufiger als dieser Mann.
Joseph? Auf den ersten Blick scheint er fast entbehrlich.

Die Bibel erzählt wenig über ihn. Nur ein paar Eckdaten: Joseph von Nazareth, von Beruf Zimmermann, Witwer, Jude aus dem Geschlecht Davids, verlobt mit Maria. Oft führt er den Esel, auf dem sie sitzt. Der Mann muss viel zu Fuß gegangen sein: Von Nazareth nach Bethlehem, von Bethlehem nach Ägypten, von Ägypten nach Jerusalem, von Jerusalem wieder nach Nazareth …

Joseph. Ein Mann im Hintergrund. In der Geschichte um Jesu Geburt hat er seinen kurzen Auftritt. Laut Bibel muss er bis zum zwölften Lebensjahr seines Ziehsohnes noch gelebt haben, denn da pilgert die kleine Familie gemeinsam zum Pessachfest in den Jerusalemer Tempel. Das ist die letzte Stelle, an der Joseph erwähnt wird. Bibelforscher schließen daraus, dass er noch vor dem öffentlichen Auftreten Jesu gestorben sein muss.

Doch kein Wort über seinen Tod. Und was wir über sein Leben wissen, ist mehr als dürftig. Ein paar Zeilen bei Matthäus und Lukas. Der Evangelist Johannes nennt nur zweimal kurz seinen Namen. In den übrigen Texten des Neuen Testaments taucht er nirgendwo auf.

Merkwürdig, wie wenig wir über den Mann wissen, der Jesus erzog.

Schaut man sich die Stellen bei Matthäus und Lukas genauer an, fällt zusätzlich auf, dass Joseph kein Wort sagt. Als solle seine Unscheinbarkeit durch seine Schweigsamkeit noch unterstrichen werden. War er ein Langweiler? Einer, von dem es einfach nichts zu erzählen gibt? Können wir uns aus dem Wenigen, das über ihn geschrieben wurde, überhaupt ein Bild machen?

Wenn Joseph auftaucht, ist er beschäftigt: Er verlobt sich mit Maria. Er holt sie in sein Haus. Er geht mit ihr nach Bethlehem, um sich in die Steuerlisten eintragen zu lassen. Er sucht in den Straßen Bethlehems Quartier für seine Verlobte. Er flieht mit Frau und Kind, um sie vor Herodes in Sicherheit zu bringen. Er geht nach Israel. Er sucht seinen zwölfjährigen Ziehsohn drei Tage lang in Jerusalem ... Es sind Sätze wie dieser: *Er stand auf, nahm das Kind und seine Mutter des Nachts und zog hin nach Ägypten.* Drei Handlungen in einem einzigen Satz! Aufstehen, Frau und Kind auf den Esel laden, losgehen. Deutlicher kann man einen Menschen kaum als Handelnden zeigen. Dies also wissen wir von Joseph: Er war ein Mensch der Tat.

Doch wir wissen noch mehr. Oft wird in der Bibel von seinem Ringen berichtet, von seinen inneren Konflikten. Gerade hat er sich mit einer jungen Frau verlobt, kurz darauf sagt sie ihm, dass sie schwanger ist. Er weiß, dass das Kind nicht von ihm sein kann. Was soll er tun? Maria bestrafen? Sich auf sein Recht berufen? Sie verlassen?

An dieser Stelle heißt es in der Lutherübersetzung (Matthäus 1,19): Joseph *wollte Maria nicht rügen.* Luther macht sich sogar die Mühe, hier eine Randnotiz in seine Übersetzung einzufügen, um das Wort ‚rügen‘ zu erklären: *Das ist/ Er wollt sie nicht zu schanden machen vor den Leuten/ als er wohl Macht hatte nach dem Gesetze. Und rhümet also St. Mattheus Josephs frömkeit/ Das er sich auch seines Rechten/*

umb liebe willen/ verzihen hat. Eine Verlobung wurde damals schriftlich und öffentlich gemacht, sie galt so viel wie heute eine Eheschließung. Ehebruch war ein schweres Vergehen. Joseph hätte die uneheliche Schwangerschaft seiner Verlobten zur Anklage bringen müssen. Dann wäre Maria zum Tode verurteilt und gesteinigt worden. Als frommer Jude wusste er genau, was das Gesetz ihm vorschrieb. Er war ein angesehener Handwerker. Er hatte ein Gesicht zu verlieren. Er ringt mit sich. Doch kein Wort davon, dass er sich gekränkt fühlt. Dass er auf Maria wütend ist. Er erwägt, sie heimlich zu verlassen. Dann würden die Leute denken, das Kind sei von ihm und er habe sie sitzen lassen. Dann würde die Schande auf ihn fallen statt auf Maria. Doch auch diesen Plan verwirft er. Stattdessen entschließt er sich, bei ihr zu bleiben, sie zu heiraten und das fremde Kind zu legitimieren. Damit wird er rein rechtlich der Vater Jesu.

Für Luther ist klar, warum Joseph sich so entschied: *umb liebe willen.* Er war überzeugt, Joseph war ein Liebender. Dass Luther das Wort ‚rügen‘ in seiner Übersetzung derart erklärt, zeigt, wie fasziniert er davon war, dass ein Mann aus Liebe auf sein Anklagerecht verzichtet.

Joseph war also ein Handelnder und ein Liebender.

Außerdem wissen wir, dass er sich Konflikten stellte und Entscheidungen traf. Es wird von drei Traumsequenzen berichtet, in denen ihm Engel im Schlaf Anweisungen geben, die er prompt umsetzt. Ein damals übliches Bild dafür, auf die innere Stimme zu hören. Joseph muss also ein feinfühliger Mensch gewesen sein, der Zugang zu seiner Intuition und zum Transzendenten hatte. Und sein Handeln orientiert sich stets am Wohl seiner Familie. Er übernimmt Verantwortung. Er nimmt Strapazen auf sich, um Frau und Kind in Sicherheit zu bringen. Er sieht von sich selbst und den eigenen Plänen ab, um für Maria und Jesus zu sorgen.

Ja, die Bibel berichtet wenig über diesen Mann. Doch aus dem Wenigen können wir einiges schließen. Je genauer man Joseph betrachtet, umso faszinierender wird seine Persönlichkeit. Ein sanftmütiger, entschlossener und liebender Mensch war er. Einer, von dem wir lernen können.

Und warum bleibt er dann so im Hintergrund?

Das hat vermutlich mit seiner merkwürdigen Vaterschaft zu tun. Rein rechtlich hatte er Jesus zwar als seinen Sohn anerkannt, da aber die Evangelisten Jesus als Gottes Sohn zeigen wollten, blieb Joseph der Gehörnte. In der Antike war es üblich, sich die Zeugung eines Gottessohnes direkt durch Gott oder die Götter vorzustellen, und so ging diese Sichtweise auf die Entstehung Jesu über. Damit er ein wahrer Gottessohn war, durfte sein irdischer Ziehvater ihn nicht gezeugt haben. Er musste quasi unsichtbar werden.

In frühen Krippendarstellungen kommt Joseph denn auch gar nicht erst vor, oder er wird, fernab des Geschehens, am Feuer Windeln trocknend, der Lächerlichkeit preisgegeben. Einer, der sich ein fremdes Kind aufschwatzen lässt! Das kannten die Leute. Das verstanden sie. Über Joseph wurde gern gelacht. Die Frau schwanger, und er hat keine Ahnung von wem! Und wäscht noch die Windeln!

In der Kunst ist dieses Motiv beliebt. Der gehörnte Bräutigam wird parodiert.

War Joseph also doch ein Schwächling? Ein Weichei? Weil er alles mit sich machen ließ, ohne sich zu wehren? Weil er im Hintergrund blieb, sich keiner rechtlichen Mittel und keiner Gewalt bediente, sondern tat, was ihm sein Herz riet?

Luther sagt: Es war Liebe. Der Liebe wegen machte er sich lächerlich.

Einer der so liebt, wird vermutlich ein fürsorglicher Vater gewesen sein. Es war Joseph, der dafür sorgte, dass

Jesus behütet aufwuchs. Als Zimmermann verdiente er Geld für seine Familie, und er wird, wie damals üblich, den Ziehsohn auch in seinem Handwerk unterrichtet haben. Joseph und Jesus hatten also viel Kontakt. Man kann sich eine innige Beziehung zwischen den beiden vorstellen. Auf vielen Gemälden wird Joseph als liebevoller Vater dargestellt: wie er sein Ziehkind im Arm hält, es wäscht, ihm über den Kopf streicht. Wie er Wasser holt, Feuer macht, Suppe kocht. Wie er in seiner Werkstatt arbeitet und Jesus ihm neugierig zuschaut. Auch diese Seite Josephs hat Menschen oft staunen lassen.

Es gibt ein Gemälde von Georges de La Tour, entstanden um 1640, zu entdecken im Pariser Louvre, mit dem Titel „Sankt Joseph, der Zimmermann". Wir sehen eine Werkstatt. Joseph bohrt gerade mit einem großen Handbohrer ein Loch in einen auf dem Boden liegenden Balken. Dabei beugt er sich nach vorn, und man sieht ihm die Anstrengung der schweren körperlichen Arbeit an. Dicht vor ihm sitzt der etwa zehnjährige Jesus auf einer Holzkiste, mit einer brennenden Kerze in der Hand, und durch Josephs vorgebeugte Haltung kommen sich ihre Gesichter ganz nah. Jesus schaut seinen Ziehvater an, und dieser schaut ihn an, und in seinem Blick liegt alle Liebe dieser Welt, die man einem Kind entgegenbringen kann.

Ein Kind, dem so viel väterliche Liebe zuteil wird, kann später selbst zum Liebenden werden. Ein Kind, das den Vater als Handelnden erlebt, lernt handeln. Ein Kind, das mitbekommt, wie sein Vater Entscheidungen trifft und Verantwortung übernimmt, wird später ebenfalls Verantwortung übernehmen. Wir lernen von unseren Eltern ja viel mehr durch das, was sie tun, als durch das, was sie sagen. Insofern hätte Jesus wohl keinen besseren Ziehvater haben können.

Joseph. Ein Mensch im Hintergrund. Ein feinfühliger, sanfter Mann, ein liebevoller Vater und Ehemann, ein entschlossen Handelnder, der auf seine Intuition hört. Welch ein Vorbild bis in die heutige Zeit, in der wahre Männlichkeit und sanfte Väterlichkeit sich noch so oft zu widersprechen scheinen.

Eins ist jedenfalls klar: Auch wenn Joseph kein Mensch fürs Rampenlicht war, seine unscheinbare Laterne verbreitet bis heute mehr Licht, als man auf den ersten Blick vermutet.

JOSEPH UNTERWEGS

Da gehe ich nun, ich alter Mann
Ich sehe noch vor mir, wie alles begann
Ich sah ihr Gesicht und wusste genau
Ich will sie beschützen, ich nehm sie zur Frau

Ich fand sie vor diesem kleinen Haus
Es ging so ein Strahlen von ihr aus
Als ob lauter Engel um sie wären
Es war wie ein Auftrag, ich kann's nicht erklären

Sie sagte ja und ich war beglückt
Die Leute hielten mich für verrückt
Sie ist anders als andere Menschen sind
Eben sagt sie, nun komme wohl bald das Kind

Wie gut, dass wir diesen Esel fanden
Er hat bei Ginäa am Wegrand gestanden
Für Maria wäre es sonst zu schwer
Wo nehm ich nur etwas zu Essen her?

Dort ist eine Stadt, das muss Bethlehem sein
Die Füße schmerzen, die Nacht bricht herein
Aber erst muss ich schnell eine Herberge finden
Sie braucht doch Ruhe, um zu entbinden

Manchmal frage ich mich, was werden soll
Mein Herz ist dennoch von Seligkeit voll
Da gehe ich nun, ich alter Mann
Ich hoffe, wir kommen noch rechtzeitig an

JAIRA – DIE BEFREIENDE

Was habe ich dir getan, dass du mich
nun dreimal geschlagen hast?
4. Mose 28

Ich bin Jaira, zehn Jahre alt. Ich lebe bei Vater und Mutter. Ich helfe auf dem Feld und in der Mühle. Vater ist Müller. Wir ernten das Korn und mahlen es zu Mehl. Ich bin das einzige Kind meiner Eltern. Vater sagt, er hat einen Sohn gewollt. Einen starken, männlichen Nachkommen, der die Mühle übernehmen kann. Vater ist ein strenger Mann. Nie kann ich es ihm recht machen, egal wie ich mich abmühe. Ich habe Angst vor ihm. Gestern hat er mich wieder geschlagen, draußen auf dem Hof, weil ich die Mehlsäcke nicht schnell genug auf den Wagen lud.

Er schlägt mich immer auf den Nacken. Manchmal nimmt er den Riemen, manchmal die Hand. Aus mir wird nie etwas, sagt er. Und dass Mädchen nur Geld kosten. Und dass ich in meinem Alter schon viel kräftiger sein müsste. Er ist wütend, weil ich ein Mädchen bin. Wer soll die Mühle übernehmen, sagt er, du nicht.

Ich will seine Mühle gar nicht. Am liebsten würde ich den ganzen Tag draußen auf der Wiese liegen, Blumen und Käfer beobachten und mir Gedichte ausdenken. Ich liebe Gedichte. Sie tauchen in mir auf wie geheimnisvolle Melodien. Und dann sind sie in mir wie ein Schatz. Gedichte haben Kraft. Wenn ich sie mir vorsage, vergesse ich meine Angst. Doch ich kann selten dichten, meist muss ich arbeiten. Die Leute kaufen Mehl bei Vater, davon leben wir. Sie brauchen sein Mehl. Sie schauen weg, wenn sie sehen, dass er mich oder die Mutter schlägt.

Das Schlimmste ist die Angst. Dass ich ständig auf der Hut sein muss. Und dass er auch Mutter wehtut,

die sich nicht wehren kann. Sie ist viel schwächer als er. Und dass er auch den Grauen schlägt, der doch den ganzen Tag für ihn schuftet und ihm so viel Arbeit abnimmt.

Gerade hat er es wieder getan. Mit dem Riemen hat er ihm eins übergezogen, nur weil er ihm den Wagen mit den Mehlsäcken zu langsam aus dem Dreck zog. Dabei war der Wagen viel zu voll geladen. Viel zu schwer für einen einzelnen Esel.

Ich ertrage das nicht mehr. Dass Vater so zornig ist. Dass er immer gleich zuhaut.

Jetzt ist Vater ins Haus gegangen. Ich bin beim Grauen im Stall. Er legt seinen Kopf auf meine Schulter, als wolle er mich fragen, warum das alles passiert. Das weiß ich doch auch nicht!

Ich habe die Wunde gereinigt. Eine rote Strieme quer über der linken Flanke. Hoffentlich entzündet sie sich nicht. Vorsichtig habe ich sie gesäubert und dabei geheult vor Wut. Ein Tier schlagen. Das ist das Letzte.

Ich würde dem Grauen so gern helfen! Er ist mein Freund. Ihm sage ich meine Gedichte vor, dann spitzt er seine langen Ohren und hört mir zu. Ihn kann ich streicheln und umarmen. Er versteht mich. Wenn ich traurig bin, gehe ich zu ihm. Er ist sanft und freundlich. Er hat ein weiches Herz. Ein bisschen wie ich. Zu weich. Ich kraule ihn hinterm Ohr und umarme ihn. Manchmal stelle ich mir vor, wie wir beide fortgehen. Weit fort. Wir gehen einfach weg und niemand kann uns mehr weh tun.

Doch ich muss noch bleiben. Ich muss auf Mutter aufpassen. Mich dazwischen stellen, wenn Vater ihr etwas tun will. Aber wenn ich erwachsen bin, dann gehe ich. Das steht fest. Dann gehe ich dorthin, wo es besser ist. Ich glaube fest daran, dass es irgendwo besser ist. Wenn ich groß bin, gehe ich. Ich will Vaters Mühle nicht. Sicher, Mehl ist wichtig. Brot ist wichtig. Aber Gedichte sind auch wichtig. Ich will Gedichte schreiben und sie den Menschen schenken, die sie brauchen.

Der Graue schnauft mir ins Gesicht. Sein Atem ist warm. Er sieht mich mit seinen guten großen Augen an. Bestimmt glaubt er auch, dass es irgendwo besser ist. Dass es etwas Schöneres gibt, als Mehlsäcke zu schleppen, Karren zu ziehen und geschlagen zu werden.

Ich kann nicht weg.

Noch nicht.

Er schon.

Und wenn ich ihm heimlich das Tor öffne? Ich könnte ihn befreien ...

Wenn Vater das merkt, wird er toben vor Zorn. Trotzdem. Wenn ich dem Grauen die Freiheit gebe, das ist fast, als würde ich sie mir selbst geben. Dann kann er laufen, wohin er will. Dann schlägt ihn niemand mehr. Wenn er frei ist, kann ich mir immer vorstellen, ich wäre bei ihm. Dann bin ich ebenfalls frei. Dann hat Vater keine Macht mehr über mich.

Das mache ich. Gleich heute Nacht. Wenn die Eltern schlafen. Er wird sich einen guten Ort suchen. Soll Vater mich doch grün und blau prügeln, wenn er es morgen früh merkt. Der Graue ist dann trotzdem frei. Den holt niemand mehr zurück. Ja, heute Nacht werde ich es tun. Und ihm zum Abschied mein liebstes Gedicht aufsagen.

DER ESEL

Und alle, die schwach waren,
führten sie auf Eseln.
2. Chronik 28, 15

Ich bin nur ein Esel. Ein Lastentier. Ich trage, was man mir auflegt. In meinem bisherigen Leben hatte ich es schwer. Der Müller, der mich kaufte, nachdem man mich von meiner Mutter getrennt hatte, war ein harter Mann. Er knapste mit dem Futter. Er lud mich oft so voller Korn- und Mehlsäcke, dass ich dachte, ich müsse zerbrechen. Er ließ mich Karren ziehen, die sich anfühlten, als lägen Felsblöcke darauf. Wenn ich etwas nicht gleich schaffte, wurde er zornig und schlug mich. Ganz ohne Grund, denn ich tat ja, was ich konnte.

Mehr als einmal erwog ich, mich zu wehren. Ein kräftiger Tritt mit dem Huf ... Uns Eseln wird nachgesagt, dass wir störrisch sind. Doch das trifft nicht auf alle zu. Vielleicht fehlte mir die Mutter zu früh. Oder der Müller war einfach zu streng. Ich unterließ es jedenfalls. Ich hatte zu viel Angst.

Zu allem Übel schlug er auch seine Frau und seine Tochter, die kleine Jaira. Wie kann man jemanden schlagen, der schwächer ist!

Die kleine Tochter des Müllers mochte ich gern. Jaira war anders als ihr Vater. Manchmal kam sie und tröstete mich. Manchmal legte sie sich neben mich ins Stroh und sagte mir Gedichte auf. Oder sie brachte mir eine Handvoll Korn. Oft streichelte sie mich. Ohne sie wäre ich wahrscheinlich eingegangen.

Manchmal kam sie, um sich von mir trösten zu lassen, wenn ihr Vater sie geprügelt hatte.

Vor ein paar Tagen war es anders. Da kam Jaira nachts in den Stall gelaufen. Sie sah traurig aus, aber entschlossen. Sie kuschelte sich an mich, weinte und sagte, sie würde so gern weglaufen. Doch sie könne noch nicht. Und dann tat sie etwas Eigenartiges. Sie schlang ihre Arme um meinen Hals, knüpfte den Riemen auf, mit dem ich an die Wand gebunden war und nahm mir das Geschirr ab.

Das fühlte sich merkwürdig an. Das erste Mal stand ich nackt und frei da, wie meine Mutter mich geboren hatte.

Jaira küsste mich auf die Stirn. Sie sagte: „Ich lasse dich frei. Lauf! Lauf, so weit du kannst!"

Das ließ ich mir nicht zweimal sagen. Leise ging ich aus dem Stall, hinter Jaira her, bis zum Tor. Sie schob es auf. Ich rannte auf die Straße hinaus, in die Dunkelheit hinein, und lief, lief, lief ...

Wie lange, habe ich vergessen. Der Wind pfiff mir um die Ohren, die Nacht hüllte mich in ihren Mantel, es war wunderbar. Erst im Morgengrauen war ich sicher, dass mich der Müller nie mehr findet. Da blieb ich stehen und fraß mich erst einmal satt.

Einige Tage war ich dann allein unterwegs. Ich genoss es. Nur wenn ich an meine kleine Retterin dachte, wurde mir schwer ums Herz. Ich hätte sie doch überreden sollen, mitzukommen.

Eines Morgens kam ein Paar auf mich zu. Ein alter Mann und eine junge Frau. Sie sahen erschöpft aus. Die Frau schien schwanger zu sein. Nette Leute waren das. Ein Esel sieht so etwas.

Der Mann kraulte mich hinterm Ohr und sprach mir freundlich zu. Er schaute sich um und erkundigte sich bei vorbeikommenden Leuten, ob ich jemandem von ihnen gehören würde. Aber ich war ja frei. Ich gehörte niemandem.

Schließlich fragte er mich, ob ich seine Frau ein Stück tragen würde. Was ich mit Freuden tat.

Seitdem ist alles anders. Mein Leben ist schön geworden.

Die Frau ist so leicht, dass mir das Herz singt. Ich mag es, wie sie meine Ohren und meinen Hals krault. Der Mann ist gut zu mir, oft fährt er mir zärtlich mit der Hand über die Seite, streichelt mich und spricht mit mir. Die Beiden halten sogar inne, wenn ich unterwegs etwas Gras fressen will. Es sind freundliche, geduldige Menschen, am liebsten möchte ich für immer bei ihnen bleiben.

Wer hätte gedacht, dass ich in meinem Leben noch einmal so viel Glück haben würde. Ich trage die Frau so gern. Ihr Kind wird wohl bald kommen. Das merke ich. Also trage ich genaugenommen sogar zwei Menschen. Doch sie sind mir gar keine Last. Alles ist leicht, was man gern trägt.

Ich aber bin ein Wurm und kein Mensch,
ein Spott der Leute und verachtet vom Volke.
Psalm 22,7

Unweit der Tore Bethlehems, wenige Schritte der von unzähligen Füßen, Wagenrädern und Tierhufen festgestampften Straße, stand gut verborgen hinter Dornenhecken eine Hütte aus Zweigen und Blättern. In dieser lebte Jachelia, eine alte Frau, ganz allein seit nun vierzig Jahren.

Früher hatte sie in Bethlehem gewohnt. Sie hatte als Wundwäscherin bei einer heilkundigen Frau gearbeitet. Sie hatte einen gutherzigen Mann und vier Kinder gehabt, drei Töchter und einen Sohn, bis sie um die Mitte ihres vierzigsten Jahres großes Unglück ereilte. Zuerst war ihr Mann von einem Soldaten des Königs auf offener Straße erschlagen worden. Danach war der Tod durch die Stadt geritten, hatte Fieber und Angst verbreitet und ihr alle Kinder binnen weniger Wochen genommen. Das Jüngste war gerade einmal neun Jahre alt gewesen. Jachelia hatte ihre Toten begraben. Sie hatte den Jammer tief in ihr Herz gelegt und fest umschlossen. Kurz darauf wurde sie selbst vom Aussatz befallen, der ihr Gesicht und Hände verunstaltete.

Hatten die Nachbarn sie anfangs noch bemitleidet, so sagten sie nun, von ihr ginge ein Übel aus, wahrscheinlich werde sie von Gott gestraft. Und etwas müsse ja daran sein, wenn Gott so zornig auf sie sei. Sie gaben ihr ein Stück Brot und warfen sie aus der Stadt.

Geschwächt und verzweifelt, wie sie damals gewesen war, hatte Jachelia sich nichts sehnlicher gewünscht, als selbst sterben zu dürfen. Sie hatte sich die Straße entlang geschleppt, hinter sich das Tor von Bethlehem, war in die Steppe hineingegangen und hatte sich

fallen lassen, auf die nackte Erde, hinter ein dorniges Gestrüpp. Dort hatte sie die Augen geschlossen und den Tod angefleht, sie bald zu erlösen und zu Mann und Kindern zu bringen.

Doch am nächsten Morgen war sie aufgewacht. An der Dornenhecke neben ihr waren schwarze Beeren gewachsen, die hatte sie gegessen. Sie war zu Kräften gekommen, hatte Holz gesammelt und sich aus Ästen und Blättern eine Hütte gebaut. Seitdem lebte sie hier.

Aus ihrem Versteck heraus lauschte sie den Stimmen und Schritten der Reisenden, die nach Bethlehem zogen. Sie lernte, die Fährten der Tiere zu lesen, sich gegen das Wetter zu schützen und die Geräusche der Nacht zu verstehen. Sie aß Beeren und Wurzeln, baute sich ein Lager aus trockenem Gras und fand unter einem Felsstein sogar eine kleine Quelle, deren Wasser sauber war, so dass sie trinken und sich waschen konnte. Sie sah Tag und Nacht vorüberziehen, Mond und Sonne auf und untergehen, sah die Jahreszeiten sich einander abwechseln. Sie lernte die Gesänge der Vögel in der Dämmerung deuten. Wind und Blumen wurden ihre Gefährten. Manchmal schenkte ihr der Himmel Früchte, manchmal verfing sich ein wildes Huhn in den Dornen.

Oft, nachdem Reisende vorübergezogen waren, schlich Jachelia zur Straße hin, um nachzuschauen, ob sie etwas verloren hätten. Mitunter fand sie Reste einer Mahlzeit, einmal gar Datteln und Feigen, einmal eine zerbrochene Lanze, mit der sie ihr Dach abstützte. Der schönste Fund war ein Topf aus Eisen gewesen, in dem sie fortan ihr Essen kochte. Doch verbarg sie sich augenblicklich, wenn sie Schritte oder Stimmen hörte und sprach all die Zeit mit niemandem ein Wort.

Jachelia wurde älter und älter, sah nachts die Sterne an, dachte an ihre Verstorbenen und sehnte sich nach ihnen. Allein der Tod, der ihre Familie einst so großzügig heimgesucht hatte, verweigerte ihr die Erlösung.

So lebte sie, nun schon weit über achtzig Jahre alt, das Leben einer Einsiedlerin. Sie kam zurecht und litt kaum Hunger, aber es tat ihr noch immer weh, dass ihre früheren Nachbarn, denen sie stets gut gewesen war, sie verbannt hatten. Sie war unsichtbar geworden, ausgestoßen aus dem Geschlecht der Menschen. Manchmal hatte sie vergessen, wer sie eigentlich war.

Sie erwartete nicht, dass jemand aus Bethlehem sich eines Tages ihrer erinnern und sie suchen würde, dennoch sehnte sie sich von Jahr zu Jahr mehr danach, dass irgendein Mensch sie wahrnehmen und ein Wort an sie richten würde. Zugleich hatte sie Angst davor. Sie war scheu geworden wie die Eidechsen, die zwischen den Steinen davonhuschten, wenn man sich ihnen näherte.

Eines Nachmittags, Jachelia kniete gerade auf dem sandigen Boden und sammelte Kräuter, sah sie aus dem Augenwinkel einen Schatten. Sie erschrak über alle Maßen. Sie hatte keine Schritte gehört. Ihr erster Impuls war, wegzulaufen. Doch sie war wie gelähmt. Sie blickte auf und sah einen Mann, der die Mitte des Lebens bereits überschritten hatte. Seine staubigen Füße steckten in gebundenen Ledersandalen. Er sah erschöpft aus. Offenbar war er von der Straße gekommen. Und dort stand, wie sie nun sehen konnte, ein Esel, auf dem eine junge Frau saß.

Der Mann sah Jachelia an. Er verneigte sich. Er fragte, wie weit es noch bis Bethlehem sei. Ob sie es heute noch schaffen würden, dort hinzukommen.

Es war das erste Mal seit vierzig Jahren, dass jemand sie ansprach. Jachelia stützte sich hoch, kam auf die Füße und sah in das Gesicht des Mannes. Er hatte graue Augen und bronzefarbene Haut. Sein Blick war mild.

Er kam näher, blieb wenige Schritte vor ihr stehen und wiederholte seine Frage etwas lauter.

Jachelias Herz schlug heftig. Seine Worte klangen ihr wie Musik. Sie wollte ihm gern antworten. Sie wollte sagen, dass man nach der nächsten Biegung schon die Mauer und das Stadttor von Bethlehem sehen könne. Dass es gar nicht mehr weit sei. Dass er und die Frau es gut vor Sonnenuntergang schaffen könnten. Sie bewegte die Lippen. Doch sie brachte keinen Ton hervor. In der Einsamkeit hatte sie die Worte verlernt.

Also stand sie nur da und sah den Mann an. Allmählich wurde ihr Herz ruhiger. Sie schaute zu der Frau hinüber, die nun vom Esel herunterstieg und ebenfalls auf sie zukam. Wie jung sie war. War der Mann ihr Vater? Jetzt, als die Frau näher kam, sah Jachelia auch, dass sie hochschwanger war. Bestimmt würde sie bald niederkommen. Sie führte den Esel mit sich über den Sand. Als sie heran war, nickte sie Jachelia zu, wünschte ihr einen guten Tag und stellte dieselbe Frage wie der Mann.

Jachelia bückte sich und zeichnete mit dem Finger die Straße in den Sand, dazu die Biegung und dahinter die Stadtmauer von Bethlehem mit dem großen Tor.

Der Mann nickte, er hatte verstanden.

Dann fragte er, ob es in der Nähe vielleicht Wasser gäbe, er und seine Frau seien sehr durstig.

Jachelia winkte den beiden, mitzukommen. Sie zeigte ihnen die unter dem Felsvorsprung verborgene Quelle.

Und da, als der Mann sich niederbeugte und, bevor er selbst trank, in einem Lederbeutel Wasser auffing und es der jungen Frau reichte, und als dann alle drei, die Frau, der Mann und der Esel, in langen, genüsslichen

Zügen tranken, stand Jachelia daneben, schaute ihnen zu und wurde von einem so tiefen Glück erfüllt, dass ihr ein Stöhnen entwich. Ihr war, als ob ihr wundes Herz, das all die Jahre über so viel Kummer hatte festhalten müssen, diesen auf einmal freiließ und weich und fröhlich wurde. Die beiden hatten sie gesehen. Sie hatten mit ihr gesprochen. Sie hatten sie wie einen Menschen behandelt. Das Paar bedankte sich. Der Mann half der Frau auf den Esel. Die Frau winkte ihr. Dann gingen sie zurück zur Straße.

Jachelia stand da. Sie sah ihnen nach. Sie spürte großes Verlangen, ihnen zu folgen. Mit ihnen diese Straße entlangzugehen, noch einmal bis nach Bethlehem, und dann durch das Tor hindurch, in ihre Heimatstadt, in der sie aufgewachsen war, in der sie gelebt und geliebt, ihre Kinder geboren und großgezogen hatte.

Sie ging zur Straße hin, fühlte den trockenen Lehm unter ihren nackten Füßen und sah, wie die beiden Fremden bereits hinter der Biegung verschwanden. Sie setzte einen Fuß vor den anderen, doch schon nach wenigen Schritten merkte sie, dass ihre Kraft sie verließ. Sie würde die Beiden nicht einholen. Sie schaffte es nicht mehr bis nach Bethlehem.

Da kehrte sie um, ging zu ihrer Hütte, legte sich nieder und wanderte ihnen in Gedanken nach. Sie war so müde. Unendlich müde. Sie schloss die Augen, segnete die beiden Fremden und wünschte der jungen Mutter, dass dieses Kind, das nun bald geboren würde, niemals sterben musste. Weil, und das war ihr letzter Gedanke, dieser freundlichen jungen Frau der Schmerz erspart bleiben sollte, den sie selbst hatte erfahren müssen. Keine Mutter, dachte Jachelia, soll je diesen furchtbaren Schmerz verspüren, dass ihr Kind vor ihr stirbt.

Und sie segnete alle Eltern und Kinder, bevor sie für immer einschlief.

MONIDES – DER ABWEISENDE

In der Welt habt ihr Angst.
Johannes 16,33

Monides stand in der Tür seiner Herberge, kaute an einem ölgetränkten Fladenbrot und schaute auf die Straße. Er nickte zufrieden und strich sich über den stattlichen Bauch. Erst nachmittags und schon alle Zimmer verkauft. Nun gut, fast alle. Eines hatte er noch zurückbehalten, das schönste. Das wollte er einem zahlungskräftigen Reisenden anbieten. Das sollte sich lohnen. Heute würde es noch oft an seiner Tür klopfen. Und ob einer Geld hatte oder nicht, erkannte er auf den ersten Blick.

In den übrigen Zimmern hatte er schnell eine zweite Lagerstatt aufgebaut, dann konnte man das Doppelte nehmen.

Heute bedauerte er, so wenige Räume im Hause zu haben. All diese Menschen, die sich in die Steuerlisten eintragen mussten und von sonst woher kamen, brauchten ja Quartier in Bethlehem. Straßauf, straßab hallten ihre Schritte.

Schon am Morgen war das Chaos losgegangen, ständig hatte jemand geklopft, noch nicht mal seinen Frühstückstee hatte er in Ruhe trinken können. Sein Weib Jakoba hatte rasch alle Zimmer geputzt, frisches Wasser hineingestellt und die Betten bezogen. Wie es ihre Art war, hatte sie sofort mit den Leuten gescherzt und gute Laune verbreitet.

Ihm war es schon immer ein Rätsel gewesen, warum seine Frau solch einen Gefallen daran fand, sich bei Unbekannten lieb Kind zu machen. Wenn es nach ihm ginge, wäre diesen Leuten gegenüber mehr Zurückhaltung und Vorsicht angebracht. Konnte man denn wissen, was sie dachten? Welche Sitten sie hatten? Was sie im Schilde führten? Ob sie einen zu guter Letzt noch ausraubten? Immerhin waren es Fremde!

Naja, ein Gutes hatten diese Leute. Immerhin brachten sie Geld in die Stadt, das war nicht zu leugnen.

Sein Weib warf ihm häufig vor, unfreundlich zu den Gästen zu sein. Welch ein Unsinn. Die Leute kamen schließlich wegen seiner Betten, nicht wegen der Freundlichkeit. Ständig stritten er und Jakoba darüber. Aber worüber stritten sie eigentlich nicht?

Monides verschränkte die Arme vor der Brust und leckte sich den letzten Rest Olivenöl von den Lippen.

Fremde waren ihm schon immer suspekt gewesen. Absurd, dass ausgerechnet er eine Herberge betrieb. Er hatte das Haus nach der Hochzeit von seinem Schwiegervater übernommen, der sein Leben lang Gastwirt gewesen war. Welch eine Schinderei. Diese Gäste führten sich auf, als wären sie hier zu Hause, hatten unglaubliche Ansprüche, waren laut und redeten in Sprachen, die niemand verstand. Und als wären Betten nicht genug, wollten sie auch noch etwas zu essen. Monides zog die Stirn in Falten. Gäste brachten nur Unruhe und Dreck, so viel stand fest. Und von beidem hatte er genug auf dem eigenen Hof.

Was ihn betraf, er mochte es behaglich. Er liebte es, wenn ein Tag genauso ablief, wie er ihn geplant hatte. Ruhig und gemächlich. Er liebte es, im Garten nach dem Rechten zu sehen, sich um seine alten Olivenbäume zu kümmern, ihre Früchte zu ernten, das kostbare Öl zu pressen und abzufüllen. Er liebte es, ausgiebig und in Ruhe zu speisen und mittags ein kleines Schläfchen zu halten. Er verabscheute Unvorhergesehenes.

Monides rieb die Hände aneinander und stemmte den Rücken gegen den Türrahmen. Ihm war kalt.

Wo, zum Henker, blieb Jakoba?

Vor über einer Stunde hatte er sie zum Markt geschickt, um zwei Flaschen des guten Öls zu verkaufen und dafür reichlich Getreide und Gemüse zu erstehen. Was trieb sie so lange? Hielt wahrscheinlich wieder ein Schwätzchen mit den Nachbarinnen und vergaß darüber, was sie zu tun hatte. Taugte nichts, das Weib. Längst sollte das Getreide gemahlen, das Brot gebacken und das Gemüse im Ofen sein. Längst sollte das Huhn geschlachtet und im Suppentopf sein.

Um alles musste man sich selbst kümmern.

Ein junger Bursche kam die Straße herauf. Zerrissener Umhang, staubige Schuhe, zwei zerfetzte Taschen über der Schulter. Mit einem Blick sah Monides, dass bei ihm kein Heller zu holen war. Der Fremde trat auf ihn zu und fragte nach Quartier. Monides schüttelte den Kopf. Alles voll, er bedaure.

Selten gab es Tage wie heute, wo die Leute sich um seine Zimmer rissen. Fünfzehn Jahre Arbeit hatte er in dieses Haus gesteckt und meist reichten die Einnahmen gerade mal so, um über die Runden zu kommen. Dazu all die widerlichen Formulare, die er als Geschäftsmann auszufüllen hatte und diese ewig steigenden Steuern und Abgaben an den König von Judäa, der hier wutete, als wäre er statt von den römischen Besatzern von Gott persönlich eingesetzt. Mit den kleinen Leuten konnten sie es ja machen. Wie es denen ging, die von ihrer Hände Arbeit zu leben versuchten, interessierte doch niemanden. Immerhin war seine Herberge seit Kurzem endlich aus den roten Zahlen heraus.

Verdammt, wo blieb sein Weib?

Monides ging in die Küche, griff sich den Rest des Fladenbrotes, tauchte es in das grüne Öl und steckte es in den Mund. Herrlich. Sein Olivenöl war das beste aus ganz Bethlehem, da konnten die Nachbarn sagen, was sie wollten. Hoffentlich hatte Jakoba einen guten Preis erzielt.

Er nahm das Schlachtmesser von der Wand, ging in den Innenhof und machte sich daran, ein passendes Huhn für die Suppe auszusuchen. Sicher wollten die Gäste nachher essen. Welches sollte er nehmen? Groß musste es sein, damit die Suppe nach etwas aussah.

Sein Blick schweifte über die Hühnerschar. Die braunen waren kräftig, aber zu jung. Die legten noch gut. Die schwarzen hatten das zarteste Fleisch, die würde er selbst essen. Vielleicht das grauweiß gescheckte. Das war zwar alt und wahrscheinlich etwas zäh, doch recht groß. Für fremde Leute reichte es.

Das Messer in der Rechten machte er einen Schritt auf das Huhn zu, doch dieses, als ahnte es, was ihm blühte, sprang laut gackernd zur Seite.

Monides rutschte aus und landete um ein Haar auf dem Misthaufen. Er fluchte. Es war Sache seiner Frau, sich ums Essen zu kümmern, der würde er was erzählen. Aber nun hatte er einmal angefangen, da würde er es wohl schaffen, dieses Huhn zu schlachten.

Er sah sich um. Das Grauweiße hatte sich auf einen Stein gesetzt und schien zu dösen.

Monides schlich sich von hinten an, streckte die Hand aus, und kurz bevor er es packen konnte, entwischte das Vieh ihm schon wieder. Schimpfend jagte er ihm nach. Beleibt wie er war, kam er schnell ins Schwitzen. Einmal berührte er den Flügel, doch das dumme Tier entwand sich ihm und flüchtete auf einen Balken unter der Scheune.

Monides war außer sich. Oft genug hatte er zugeschaut, wenn Jakoba ein Huhn für die Suppe geholt hatte. Das hatte immer ganz einfach ausgesehen!

Um das Huhn vom Balken zu holen, kletterte er die Leiter hoch, rutschte auf einer Sprosse aus, griff hastig nach oben, vergaß, dass er ein Messer in der Hand hatte und ritzte sich im Gesicht, was ihn zur Weißglut trieb.

Und jetzt klopfte es auch noch an der Haustür!

Er biss die Zähne zusammen. Sollten ihn doch alle in Ruhe lassen!

Vielleicht war ausgerechnet das der reiche Gast für das freie Zimmer?

Schweißüberströmt und sich die blutende Wange haltend, stapfte Monides zur Tür und öffnete.

Draußen standen ein älterer Mann und eine junge Frau. Hinter ihnen ein Esel. Der Alte bat um Quartier. Seine Frau sei kurz vor der Niederkunft, sagte er, sie brauche dringend Ruhe. Monides starrte die Frau an und wurde gewahr, wie ängstlich sie auf das Messer in seiner Hand schaute.

Ruhe braucht sie?, dachte er. Die brauche ich selbst! Und soweit kommt es noch, dass in meinem Hause Kinder geboren werden. Fremde verursachen schon genug Chaos, wer braucht da noch Kinder? Außerdem sahen die beiden arm aus.

Sein Haus sei voll, sagte er, sie sollten woanders suchen.

Der Mann deutete auf Monides Gesicht und fragte, ob er sich verletzt habe, ob er Hilfe benötige.

Monides verneinte.

Ausgerechnet in diesem Moment kam Jakoba vom Markt zurück. Natürlich ging sie gleich auf das junge Ding zu, sah den gewölbten Bauch an, fragte wann es denn soweit sei und ob sie schon Quartier hätten.

Nichts da, sagte Monides, wir sind voll.

Aber das Zimmer nach hinten, wand Jakoba ein. Und was ist mit deinem Gesicht? Du blutest ja.

Er schnitt ihr das Wort ab. Wollte sie etwa hier mit ihm streiten? Auf offener Straße? Vor diesen Dahergelaufenen? Das war ungehörig, sie hatte ihm Respekt zu erweisen, sie war seine Frau!

Schon wieder fing sie mit dem freien Zimmer an.

Dass man doch eine Schwangere, die bald niederkäme, nicht abweisen könne.

Die beiden Fremden standen da und hörten alles mit an.

Gehen Sie weiter, sagte Monides zu dem Mann. Hier gibt es nichts zu gucken.

Jakoba zeigte auf das Messer in seiner Hand. Was überhaupt hier los sei, fragte sie. Ob es etwa einen Kampf gegeben habe? Ob er bedroht worden sei? Ob es ihm gut ginge? Ob er Hilfe brauche?

Monides knirschte mit den Zähnen.

Nichts sei los, erwiderte er barsch, packte Jakoba an der Schulter, schob sie ins Haus, schloss die Tür, drückte ihr das Messer in die Hand und gebot ihr, auf der Stelle und ohne eine weitere Frage das grauweiß gescheckte Huhn zu schlachten und in den Topf zu werfen. Und danach Brot zu backen und Gemüse zu kochen. In ausreichender Menge. Und ansonsten einfach mal den Mund zu halten.

Aber man kann doch keine hochschwangere Frau ..., fing sie wieder an.

Wahrscheinlich Betrüger, sagte er. Wenn's nach mir ginge, müsste man überhaupt verbieten, dass die alle herkommen. Das weiß doch jeder, dass die nur auf Mitleid machen, mit allen möglichen Tricks arbeiten und nachher räumen sie einem das Haus leer.

So ein Unsinn, sagte Jakoba, du immer mit deiner Angst. Hörst du dir eigentlich mal selbst zu?

Willst du endlich Ruhe geben, erwiderte er. Außerdem waren die zerlumpt, die hatten nichts.

Aber die Frau, widersprach Jakoba. Und das leere Zimmer oben. Eine Geburt sei eine Ausnahmesituation. Man könne das Zimmer den armen Menschen doch mal umsonst geben. Für eine Nacht wenigstens.

Welches Zimmer hier wann, an wen und für wie viel Geld vermietet werde, entscheide noch immer er, sagte Monides, er sei der Herr im Hause und Schluss. Sie solle sich endlich um das Huhn kümmern.

Jakoba bestand noch darauf, ihm das Gesicht zu reinigen. Dabei sah sie ihn schelmisch an und ließ sich sogar zu der Frage hinreißen, ob er vielleicht gar mit sich selbst gekämpft habe und die Verletzung eventuell von dem Messer herrühre, das er in der Hand gehalten habe, als sie vorhin gekommen sei?

Er verbat sich das.

Als seine Frau endlich im Hof verschwunden war, atmete Monides auf.

Er nahm das Gemüse und das Korn in Augenschein, das sie in der Küche auf den Tisch gelegt hatte. Nicht schlecht die Menge. Handeln konnte sie.

Er steckte sich ein paar Datteln in den Mund und probierte die getrockneten Tomaten. Gute Ware.

Dann ging er zum Fenster, das auf die Straße zeigte, schaute hinaus, sah dem seltsamen Paar mit dem Esel nach, das sich langsam stadtauswärts entfernte und fragte sich zum wiederholten Mal, warum Gott ihn nur mit einem so aufmüpfigen Weibe gestraft hatte.

RAMIRA – DIE TATKRÄFTIGE

Sie hat ein gutes Werk an mir getan
Matthäus 26,10

Ramira war Landstreicherin. Aufgewachsen in Jerusalem, in ärmsten Verhältnissen, mit einem trunksüchtigen Vater, einer streitenden Mutter und acht jüngeren Brüdern, die ihr selten einen Bissen übrig gelassen hatten, hatte sie früh gelernt zu kämpfen. Sie hatte gelernt, dass das Recht auf Seiten des Stärkeren ist, dass man nichts geschenkt bekommt und sich nehmen muss, was man braucht, notfalls mit Gewalt.

Im Haus ihrer Eltern hatte sie als Älteste sämtliche Arbeit verrichtet, die Ziegen versorgt, geputzt, das Wasser geholt, das Essen gekocht, sich um die Brüder gekümmert. Sie hatte ihrer Mutter auch bei jeder Geburt helfen müssen. Für eine Hebamme war kein Geld dagewesen. Ramira hatte es gehasst, das zu tun, sie war überfordert gewesen mit der Angst ihrer Mutter, dem Stöhnen, dem Schreien, dem Blut. Und dann immer mehr und mehr Kinder, die sich über das wenige Essen hermachten. Da es alles Knaben waren, war sie zunehmend herumgestoßen worden. Mit den Füßen hatten die Bälger nach ihr getreten und sie als Mädchen hatte sich nicht einmal wehren dürfen.

Mit vierzehn Jahren war sie von zu Hause fortgelaufen, hatte auf Jerusalems Straßen gelebt, gebettelt, sich recht und schlecht durchgeschlagen, und weil sie ein schönes Gesicht und einen jungen Körper gehabt hatte, hatte es anfangs nicht an Männern gemangelt, die ihr im Tausch für ihren Körper etwas zu Essen gegeben hatten.

Doch das war lange her. Nun war Ramira alt. Sie hatte das fünfzigste Lebensjahr überschritten, war aus dem Leim gegangen, und die Augen wurden auch im-

mer schlechter. Dass die Männer sie mieden, bedauerte sie nicht im Mindesten, doch um zu überleben, hatte sie sich neben dem Betteln aufs Stehlen verlegen müssen.

In diesem Gewerbe war sie zu einiger Meisterschaft gelangt. Ihr Geist war klar, ihre Hände geschickt, und so war es ihr eine ganze Weile gelungen, den Häschern zu entwischen. In letzter Zeit allerdings waren diese ihr auf die Schliche gekommen. Darum hatte sie beschlossen, Jerusalem den Rücken zu kehren.

Ramira steckte ihr Messer in die Joppe, wickelte sich in ihre Lumpen, ging durchs Stadttor und wanderte geradeaus.

Das Messer war ihr größter Schatz. Es war das Einzige, was sie von zu Hause genommen hatte, als sie weglief. Vielleicht aus Rache ihrem Vater gegenüber. Oder aus einem Impuls heraus, etwas mitnehmen zu müssen, etwas von ihren Eltern. Weil sie doch ein Mensch war, der Eltern gehabt hatte. Weil sie auch etwas Zuwendung verdient hatte. Es war ein gut in der Hand liegendes Messer mit scharfer Klinge und einem Griff aus gepressten Ziegenlederscheiben. Ihr Vater hatte es stets am Gürtel getragen. Als sie sich in jener Nacht an den schlafenden Eltern vorbeigeschlichen hatte, hatte sie den Gürtel am Bett hängen sehen und sich das Messer gegriffen. Es hatte ihr schon viele gute Dienste geleistet.

Die Sonne brannte unbarmherzig vom Himmel.

Ramira zog ihre Jacke aus. Seit zwei Stunden war sie schon unterwegs. Sie war erschöpft.

Grau und staubig lag die Straße vor ihr. Nun verzweigte sie sich. Welche Richtung sollte sie einschlagen? Sie brauchte unbedingt etwas zu Essen und einen Schlafplatz.

Um sich her sah sie nur Sand und Geröll. Bleiern hing die heiße Luft über ihr. Wie sie so überlegte, wo sie nun entlanggehen sollte, erhob sich ein Wind, trieb ein trockenes Grasbüschel vor sich her und ließ es auf dem linken Abzweig der Straße fallen. Nun denn, dachte Ramira, das nehme ich als Zeichen. Und sie ging auf dem linken Abzweig weiter.

Diese Straße führte sie nach Bethlehem.

Am späten Nachmittag kam sie dort an. Zu ihrer Freude fand sie einen Markt, auf dem es vor Menschen nur so wimmelte. Dort gab es Sattler, Zeltmacher und Silberschmiede, sogar einen Stand mit Brot entdeckte sie. Ihr lief das Wasser im Munde zusammen. Doch sie war klug. Zuerst musste man die Leute beobachten. Prüfen, wie aufmerksam sie waren.

Also stellte sie sich in eine Seitengasse und sah sich das Treiben an. Oh ja. In diesem Gedränge würde sich einiges machen lassen.

Da gewahrte sie neben sich eine alte Frau, die reglos in einer Mauernische hockte und sie anstarrte. Sie war dünn wie ein Strich, mit bunten Ketten behängt und hatte das Gehabe einer Wahrsagerin. Ihr Gesicht war voller Runzeln und glich einer Berglandschaft.

„Lass mich aus deiner Hand lesen!", sagte die Alte.

„Sehe ich aus, als ob ich Geld hätte!", knurrte Ramira.

„Du sollst es umsonst haben."

„Lass mich in Ruhe!"

Ramira wusste selbst nicht, warum sie dann doch der Frau den Arm hinstreckte.

Die Alte nahm ihre Hand, beugte sich darüber und schwieg eine Weile.

Dann sagte sie: „Noch heute wirst du einem König begegnen. Und du wirst ihn reich beschenken."

„Guck an!" Ramira lachte verächtlich. „Ich! Einen König beschenken! Er macht mich wohl gar zur Königin!" Rasch entzog sie der Alten ihre Hand und ging davon.

Geschickt schob sie sich zwischen die Marktleute und ließ ihre Blicke schweifen. Doch es war seltsam, die Worte der Alten gingen ihr nach. Dauernd sah sie das runzlige Gesicht vor sich und hörte ihre Stimme: „Du wirst einem König begegnen ..." Was für ein Unsinn, dachte sie. Das ist der Hunger. Ich muss dringend etwas essen. Es wird Zeit, dass ich einen Fang mache.

Der Markt war laut und voll, ein buntes Durcheinander. Da gab es Weinhändler und Brotverkäufer, Tuchmacher und Gemüsehändler. Vor allem gab es viele unaufmerksame Käufer, so recht nach ihrem Geschmack.

Sie zog ihre Jacke an, in der es viel Platz für Beute gab, stieg über Weinfässer und Ölflaschen, über Dattelkörbe und aufgetürmte Brotberge, und umrundete geschickt den Stand eines Greises, der bunte Tücher anbot, immer Ausschau haltend, wo sie im größten Gedränge sich etwas aneignen könne. Hier duftete es nach Zimt und Anis, dort nach Amber und Pfeffer. Sogar Salz wurde feilgeboten. Der Gewürzstand war dicht umringt. Daneben verkaufte ein junger Bursche schwarze Ziegen.

Ramira sah zu den Ölflaschen. Olivenöl, dachte sie, wie köstlich. Das hatte ich lang nicht mehr. Betont uninteressiert schlenderte sie zurück und betrachtete die Flaschen. Goldgrün schimmerten sie in der Sonne. Sie leckte sich die Lippen.

Eine Frau kaufte drei Flaschen, stellte diese in einen auf dem Boden stehenden Korb und begann, sich mit dem Händler über den Preis zu streiten. Es war ein Leichtes, eine Flasche aus dem Korb zu angeln, in der Joppe verschwinden zu lassen und sich mit dem unschuldigsten Gesicht der Welt die Tücher am Nachbarstand anzusehen.

Zufrieden ging sie weiter. Das Öl würde ihr guttun. Es würde sie stärken. Jetzt brauchte sie nur noch Brot.

Wieder schob sich das Gesicht der Wahrsagerin vor ihr inneres Auge. „Und du wirst ihn beschenken ..." Ärgerlich wischte sie den Satz weg. Hatte die Alte sie verhext? Seit wann verschenkte sie etwas?

In diesem Moment sah sie ein kleines Kind, das trug doch wahrhaftig ein weißes Brot unter dem Arm! Ramira handelte sofort. Sie setzte dem Kind nach, wartete, bis das Gedränge am größten war, rempelte einen Mann an, so dass das Kind kurz zum Stehen kam, griff sich das Brot und tauchte in der Menge unter.

Brot und Öl. Ihr Tag war gerettet. Besser, sie ging jetzt fort und suchte sich ein ruhiges Plätzchen. Aber der Markt war zu verlockend. Hier war noch mehr zu holen. Zum Beispiel der Alte dort, der sein kleines Bündel so unvorsichtig auf dem Rücken trug. Was es wohl enthielt? Nichts leichter, als den Riemen mit dem Messer durchzuschneiden und sich das Bündel unter die Jacke zu stecken. Was sie da ergattert hatte, musste sie sich später ansehen. Die Neugier machte sie ganz hippelig. Sie ließ ihr Messer in die Tasche gleiten. Das Messer ihres Vaters. Wie gut, dass sie es hatte!

Eben wollte sie den Markt verlassen, da blieb ihr Blick am Stand eines Schneiders hängen. Etliche Frauen standen dort dicht an dicht mit seligen Gesichtern, wahrscheinlich träumten sie sich in die bunten Gewänder hinein. Ramira sah ein Kleid, das einzeln an der Seite des Standes hing. Sein strahlendes Blau glich dem Himmel zur Zeit der Dämmerung und war über und über mit Sternen und Rosen bestickt. Sie konnte den Blick nicht mehr von diesem Kleid wenden, es zog sie magisch an. Lass die Finger davon, sagte sie sich. Das ist zu gefährlich. Es ist viel zu kostbar. Doch etwas schob sie zu diesem Blau, sie musste hingehen und den Saum des Kleides berühren. Der Stoff war wunderbar weich und kühl. Vielleicht Seide. Es musste ein Vermögen wert sein. Die Sterne und Rosen waren filigran aus gesponnenen Goldfäden gestickt. Man würde sie totschlagen, wenn sie es nähme.

Ramira wollte weg, sie wollte sich umdrehen und gehen, sie wollte dieses Kleid schnell vergessen, aber ihre Hände griffen nach oben, und hast du nicht gesehen, packte sie das Kleid, rollte es zusammen und stopfte es sich unter die Joppe. Mit klopfendem Herzen lief sie in die nächste Gasse. Ihr Herz raste. Gerade hatte sie ihre eigene Regel gebrochen: Nimm nur, wofür du nicht umgebracht wirst, wenn sie dich erwischen. Das war leichtsinnig gewesen. In dieser Stadt würde sie das Kleid auf keinen Fall verkaufen können. Hoffentlich hatte sie niemand dabei beobachtet.

Rasch ging sie weiter und schaute sich öfter um. Niemand folgte ihr. Es war geglückt.

Welch ein Tag! So viele gute Sachen hatte sie lange nicht mehr erwischt. Fröhlich schlenderte sie durch die Stadt und hielt nach einen Nachtquartier Ausschau.

Da sah sie wieder den Markt. Sie war im Kreis gelaufen. Sie versteckte sich hinter einem Mauervorsprung und beobachtete, wie die Händler ihre Stände aufräumten und ihre Waren verstauten. Vielleicht konnte sie noch warten, bis die Leute weg waren? Oft lag dann noch etwas Brauchbares herum ... Doch nun hörte sie das Geschrei des Schneiders, der wohl eben bemerkt hatte, dass sein kostbarstes Kleid verschwunden war. Sie machte sich eilends davon.

Jetzt musste ein Schlafplatz her. Ihre Füße taten weh. Zehn Kilometer waren es sicher gewesen von Jerusalem bis nach Bethlehem. Den ganzen Tag war sie auf den Beinen gewesen. Irgendein kleines Versteck, eine verlassene Hütte, ein Stall, so etwas wäre jetzt schön, dachte sie. Außerdem war sie neugierig darauf, ihre Beute genauer in Augenschein zu nehmen.

Sie lief durch die Gassen und sah Menschen an die Türen von Herbergen klopften. Es musste viel Volk von außerhalb hier sein.

Schon fast am Stadtrand fand sie den Stall. Seine Tür war nur angelehnt. Ramira schlüpfte hinein und sah sich um. Eine braune Kuh stand in der Ecke. Die störte sie nicht. Im Gegenteil, vielleicht konnte sie die am nächsten Morgen sogar melken. Ein guter Ort zum Übernachten war das. Sie fand eine Schütte trockenes Stroh und baute sich daraus ein schönes Lager.

Im letzten Tageslicht durchsuchte sie ihre Schätze. Das Bündel des Alten enttäuschte sie. Es war nur ein zusammengerolltes kleines Lammfell. Geld wäre ihr lieber gewesen. Sie schob das Fellchen zu dem Kleid unter ihren Kopf. Mit einem Seufzer der Erleichterung streckte sie sich aus.

Heute würde sie liegenbleiben. Von diesem Schlafplatz würde sie niemand vertreiben. Sicherheitshalber legte sie ihr Messer griffbereit neben sich.

Gerade als sie die Augen schließen wollte, hörte sie ein Knacken. Das Tor wurde aufgeschoben. Flackerndes Licht fiel herein. Laternenlicht.

Ramira packte ihr Messer. Bettelvolk natürlich, und jetzt wollten die ihr den Schlafplatz streitig machen! Die würden sich umgucken. Sie hielt den Atem an. Wenn sie nur mehr sehen könnte! Eine Frau stöhnte.

Sofort wusste Ramira, worum es ging. Aus ihrer Kindheit wusste sie es. Genauso hatte es sich angehört, wenn bei ihrer Mutter die Wehen eingesetzt hatten.

Was ging hier vor?

Im schwachen Laternenlicht erkannte sie die Umrisse eines Mannes und einer Frau. Die Stimme der Frau war jung. Ramira hielt das Messer griffbereit.

Sollte die Frau tatsächlich kurz vor der Niederkunft stehen? Dann konnte sie sie schlecht hinausjagen.

Das Messer in ihrer Hand schien zu glühen. War das ein Trick? War ihr doch jemand gefolgt und wollte ihr womöglich die Beute abjagen?

„Kann ich etwas für dich tun?", flüsterte der Mann. „Was brauchst du?"

Wieder das Stöhnen. Die Frau versuchte es zu unterdrücken. Das war schlecht. Die Wehen kamen schon kurz hintereinander.

„Wie kann ich dir nur helfen?" Wieder dieser Mann. Wie dumm Männer doch waren!

Jetzt reichte es Ramira. Sie sprang auf.

„Na, mit Schwatzen nicht!", schrie sie. „Besorge mehr Licht. Und Wasser! Und saubere Tücher!"

Erschrocken sah der Mann sie an. Die junge Frau hielt sich entsetzt die Hand vor den Mund und starrte auf das Messer.

Warum rührte der Mensch sich nicht? Die nächste Wehe hatte schon eingesetzt.

„Wird's schon!", fuhr sie ihn an. „Kerzen! Wasser! Frag im nächsten Haus! Mach schon!"

Endlich stolperte er hinaus.

Sie ging zu der Frau. Redete auf sie ein. Beruhigte sie. Nahm ihre Hand. Führte sie zu dem Lager, auf dem sie gerade noch selbst gelegen hatte. Zog ihre Jacke aus und legte sie ihr unter den Kopf. So lag sie besser.

Tatsächlich kehrte der Mann wenig später mit einer zweiten Laterne zurück, auch Wasser brachte er. Er entschuldigte sich sogar, dass er keine Tücher bekommen hatte.

Der ist ja so alt wie ich, wunderte sich Ramira. Wahrscheinlich ihr Vater. Aber das ging sie nichts an. Wichtig war jetzt nur, dass das Kind kam und die werdende Mutter es bald hinter sich hatte.

Das junge Ding war schrecklich unerfahren.

Zum ersten Mal war Ramira ihrer Mutter dankbar. Sie hatte ihr etwas Sinnvolles beigebracht. Die Kunst, Kindern auf die Welt zu helfen.

Ramira staunte, wie tapfer die junge Frau war. Weder jammerte noch schrie sie. Sie tat alles, was sie ihr sagte. Ruhig redete Ramira auf sie ein, lobte sie, wenn sie richtig atmete, hielt ihre Hand und half ihr, im passenden Moment zu pressen.

Alles ging gut. Es war ein Junge.

Als der Mann ihr dankte, winkte Ramira ab. Die Frau lag erschöpft auf der Erde. Sie hatte viel Blut verloren, doch sie war jung und würde sich schnell erholen. Allerdings brauchte sie dringend eine Stärkung. Etwas Nahrhaftes.

Kurzentschlossen holte Ramira das Brot und die Flasche mit dem Öl aus dem Versteck, gab beides der jungen Mutter und sagte ihr, sie solle davon essen.

Das Kind war wohlauf, es hatte gleich geschrien. Nur das Kleid der Frau war voller Blut. Ramira half ihr, es auszuziehen, wusch sie und zeigte ihr, wie man das Baby an die Brust legen musste.

Wie dürftig sie war. Unmöglich konnte sie ihr das verdorbene Kleid nun wieder anziehen. Also holte Ramira das gestohlene blaue Kleid unter dem Stroh hervor und half der Frau hinein. Es passte wie angegossen. Und wo sie schon einmal dabei war, nahm sie noch das kleine Schaffell, wickelte das Kind darin ein, legte es in die Futterkrippe aufs Heu und sagte, die Mutter solle sich jetzt erst mal ausruhen.

Auf einen Ärmel ihrer Jacke goss sie einen Schluck Olivenöl, damit reinigte sie dem Kind das Gesicht.

Als Ramira sich erschöpft auf den Boden legte, froh, dass nun endlich Ruhe einkehren und sie sich würde ausruhen können, hörte sie von draußen Stimmen. Gleich darauf wurde schon wieder das Tor aufgeschoben. Mindestens fünf Hirten stolperten herein. Sie schienen ziemlich aufgeregt zu sein, und als wären sie hier zu Hause, schauten sie sich im Stall um, entdeckten das Kind und beugten sich über es, als gäbe es da viel zu sehen. Dabei flüsterten sie lauter wirres Zeug von einem Messias und Erlöser. Einige fielen sogar auf die Knie. Und dann kamen sogar noch Schafe in den Stall!

Das war nun wirklich zu viel für Ramira. Sie stand auf, packte ihre Jacke, steckte das Messer ein, wünschte der jungen Mutter noch alles Gute und machte sich aus dem Staub.

ANGEKOMMEN

Sei leise
Da liegt ein Kind
Das kommt von weit
Das wuchs lange Zeit
Das hatte eine so wundersame
Über Grenzen und Flüsse führende Reise
Über Wüsten und Steppen durch steiniges Land
Über Brücken und Fels durch Schlamm und Sand
Über Himmel und Feld über Land und Meer
Kam es geduldig zu uns her
Nun will es schlafen
Sieh das Gesicht
Sei bitte leise
Störe es nicht
Nun ist es da
Ganz nah

DAS KIND

Er kam in sein Eigentum
und die Seinen
nahmen ihn nicht auf.
Johannes 1,11

Da liegt ein Kind. Es ist eben geboren. Gerade angekommen. Aus dem Dunkel des Körpers.

Lange war es verborgen. Unsichtbar für die Welt. Nun hat es ein Gesicht. Vorher musste es sich klein machen, sich krümmen im engen Raum. Nun ist es im Licht. In der Weite. Nun hat es seine Glieder gestreckt und sich lang gemacht. Vorher war es von Wasser umgeben. Hat darin gebadet. Davon getrunken. Nun ist es in Luft getaucht. Es hat die Augen geöffnet. Unterscheidet Licht und Schatten. Probiert seine Finger. Tastet. Wackelt mit den Zehen. Strampelt mit den Beinen. Atmet. Füllt seine Lungen. Lauscht. Plötzlich hört es so viele neue Geräusche. Spürt Wärme und Kälte auf der Haut. Vorher war es stumm, nun probiert es seine Stimme. Es schreit. Vorher war es satt, nun hat es Hunger und sucht nach der Brust.

Da liegt ein Kind. Ein neuer Mensch. Sichtbar erschöpft von den Anstrengungen der Geburt. Noch ganz schrumpelig, voller Schmiere und Blut. Die Haare kleben ihm am Kopf.

Durch einen engen Kanal musste es, um ins Freie zu kommen. Es musste sich quetschen und pressen lassen, sich wehtun lassen, es musste loslassen, sich hinausstoßen lassen aus dem Vertrauten.

Da liegt ein Kind. Völlig hilflos. Völlig angewiesen auf Schutz und Zuwendung. Allein käme es um.

Im Leib der Mutter war es versorgt, nun braucht es alles von außen. Es braucht Menschen, die ihm wohlgesonnen sind. Die sich ihm zuwenden. Die es ansehen. Es in den Arm nehmen. Es halten. Ihm zu trinken geben. Es säubern. Seine Nacktheit bedecken. Es wärmen und liebkosen.

Welch ein Staunen muss in ihm sein, nachdem es die Welten gewechselt hat. Auf einmal ist alles neu. Jeder Windhauch, jede Farbe, jedes Geräusch, das an seine Ohren dringt.

Erinnert es sich an seine alte Welt?

An die grenzenlose Verbundenheit, Haut an Haut?

An die Gewissheit, versorgt und umhüllt zu sein?

An das Wasser, in dem es schwamm?

An die Stimme der Mutter, die innen so anders klang?

An das Getragenwerden, das hin und her gewiegt werden, wenn sie ging?

An ihren Herzschlag, der immer da war, Tag und Nacht, diese schöne Musik?

Ja, es erinnert sich.

Würde es sich nicht erinnern, es könnte nicht überleben. Würde es sich nicht erinnern, es könnte nicht vertrauen. Würde es sich nicht erinnern, es wäre ihm unmöglich, nach der Brust zu suchen.

Es könnte gar nicht voraussetzen, dass andere ihm Gutes wollen. Es könnte nicht so arglos sein, nicht so neugierig auf alles und jeden. Es könnte nicht so getrost aufs Leben zugehen, nicht so offen, weich und ungeschützt mit Wohlwollen rechnen, ohne Scheu und Scham. Es würde nicht immer und immer wieder nach Armen suchen, die es umfangen, nach Augen, die es ansehen, nach Zuspruch, Ansprache, Austausch und Nähe.

Dieses kleine Wesen weiß aus Erfahrung, wie es ist, ganz und gar geliebt zu sein. Geliebt zu sein wie man ist, mit Haut und Haar, mit seinem ganzen Wesen. Bedingungslos. Es weiß, dass alles, was lebt, dieser Liebe würdig ist. Aus einer anderen Welt hat es dieses Wissen mitgebracht.

Wir waren alle mal ein Kind.

Das war unser Anfang.

Wir haben dieses Wissen in uns.

Dieses große Versprechen.

Dieses grenzenlose Vertrauen in die Liebe und das Leben.

Es ist mit uns zur Welt gekommen.

Wie gut, dass wir, wenn wir geboren werden, das Wichtigste schon mitbringen. Das kann uns niemand mehr nehmen. Das bleibt.

Die Nacht war kühl und schwarz und selbst die Schafe
Standen ganz starr vor Frost, so bitterkalt
War es, die Hirten rieben ihre klammen Hände
Sie waren hungrig, müde, lebensalt

Da fiel ein Licht herab, das war erschreckend
So gleißend hell wie nie sie eins gesehn
Die Hirten schirmten schreiend ihre Augen
Und wollten schier vor Todesangst vergehn

Die Schafe blökten und die Hunde bellten
Auch ihnen fuhr der Schreck in alle Glieder
Da flog im Licht ein übergroßer Engel
Mit sanften Schwingen auf die Erde nieder

Er sagte: Fürchtet nichts! Ich bin gekommen
Euch eine wunderbare Mär zu sagen
Denn es wird Frieden sein für alle Menschen
Wenn sie ihn wollen und ihn mutig wagen

Wie das, schrien da die Hirten, du sagst Frieden?
Das war noch nie. Wie soll denn das geschehen?
Still hob der Engel seine Hand, den Stern zu zeigen
Und hieß sie vorerst nur zum Stall zu gehen

BETTO – DER SINGENDE

Von Gnade und Recht will ich singen.
Psalm 101,1

Das glaubt mir keiner, was ich heute Nacht erlebt habe. Wenn ich das meinen Freunden erzähle, die sagen bestimmt, das hätte ich mir ausgedacht.

Mitten auf dem Feld. Dieses Licht! Ich musste die Augen zukneifen. Ich war total erschrocken. Den anderen ging es ebenso. Sie schrien und warfen sich zu Boden. Dabei tun sie sonst so erwachsen. Sie behaupten, ich sei viel zu jung um Hirte zu sein. Sie wollen nichts mit mir zu tun haben. Sitzen an ihrem Feuer, und wenn ich mich dazusetzen will, schicken sie mich weg. Ich sei noch ein Kind, sagen sie, Schafe hüten sei Männersache und ich solle machen, dass ich nach Hause käme. Von wegen! Im letzten Monat bin ich vierzehn geworden und damit volljährig! Sie bilden sich ganz schön was ein, nur weil sie erwachsen sind. Dabei weiß ich eine Menge über den Hirtenberuf. Ich kann das sehr wohl.

Als mein Vater im vorigen Jahr starb, bin ich zu dem reichen Mann gegangen, dem die größte Herde in Bethlehem gehört. Über fünfhundert Schafe hat er. Für ihn hatte auch mein Vater gearbeitet. Ich hab zu ihm gesagt, ich kann das, ich will mit auf die Schafe aufpassen. Schließlich muss ich Geld verdienen. Ich muss für meine Geschwister sorgen.

Erst lehnte er ab, aber dann habe ich ihn doch überredet. Seitdem hüte ich seine Schafe. Das Geld gebe ich meiner Mutter. Ich habe vier kleine Geschwister, zwei Brüder und zwei Schwestern. Die Jüngste ist erst zwei. Sie heißt Esra. Sie ist mein Liebling. Dauernd will sie von mir herumgetragen werden. Wenn sie weint, tröste ich sie. Dann singe ich ihr etwas vor. Das mag sie.

Schafe hüten ist schon eine harte Arbeit. Manchmal bin ich nachts furchtbar müde. Mein Körper fühlt sich wie Blei an und die Augen fallen mir zu. Aber ich muss wach bleiben. Wir passen zu acht auf die Herde auf. Mit vier Hunden. Um wachzubleiben, singe ich leise. Das hilft.

Doch heute Nacht ist etwas passiert. Die anderen saßen am Feuer und führten ihre Männergespräche. Ich hockte abseits und dachte an meine Geschwister. Da war plötzlich so ein Donnern über uns, und dann kam das Licht. Zuerst dachte ich, ich wäre eingeschlafen und es wäre ein Traum. Dann hielt ich das Ganze für ein Gewitter. Doch der Donner legte sich, und dann stand ein Engel da. Er war riesig. Ich hielt mir die Hände vor die Augen und konnte ihn trotzdem sehen, so hell war er. Er sagte, wir sollten keine Angst haben. Der Messias sei gekommen. Und dass wir gleich zu ihm gehen sollen. Er sagte, der Stern würde uns zeigen, wo es ist.

Ich stand wie betäubt. Es war so unwirklich. Die anderen lagen am Boden und zitterten. Erwachsene Männer! Da kann man mal sehen, wie sie angeben. Ich hatte keine Angst. Ich wollte sofort diesen Messias sehen. Ein Messias, ich dachte, das ist ein Held. Das ist einer, der mir alles erklären kann. Warum wir so arm sind, zum Beispiel. Oder warum mein Vater tot ist. Oder, was ich machen kann, damit meine Mutter wieder fröhlich wird. Ich wollte sofort zu ihm.

Der Engel verschwand und gleich war es dunkel. Ich rieb mir die Augen, sah zum Himmel und entdeckte den Stern. Da bin ich losgerannt. Ohne auf die anderen zu warten.

Und wirklich, es war ziemlich nah. Der Stern stand genau über einem Stall. Ich war als Erster dort. Habe ja schließlich die schnellsten Beine. Ich schob das Tor auf

und ging in den Stall. Erst sah ich kaum etwas. Dann entdeckte ich in einer Ecke eine Kuh und einen Esel. Ihnen gegenüber saß eine Frau am Boden, mit einem Säugling im Arm. Neben ihr stand ein Mann mit einer Laterne.

Ich fragte sie, ob sie wüssten, wo der Messias sei.

Da zeigte der Mann auf das Kind.

Ehrlich, das fand ich enttäuschend. Ein ganz normaler Säugling. Winzig und verschrumpelt. Ich weiß, wie anstrengend kleine Kinder sind. Sie schreien, machen die Windeln voll und wollen dauernd an die Brust. Das sollte der Messias sein?

Ich sah den Mann an und fragte mich, was ich davon halten sollte. Der Stern hatte ja wirklich über diesem Stall gestanden. Aber das Baby im Arm der Frau war ein völlig normales Kind. Das sah jeder.

Ich hockte mich neben die Frau und guckte mir das Baby genauer an. Es wurde unruhig, suchte nach der Brust und fing an zu weinen.

Ich weiß nicht wie es kam, vielleicht weil mich das Baby an Esra erinnerte, fing ich zu singen an. Ich sang das erstbeste Lied, das mir einfiel.

Da drehte das Baby mir den Kopf zu und lauschte. Es sah mich an. Obwohl das gar nicht geht. So kleine Kinder können noch niemanden angucken, das weiß ich. Es dauert immer eine Weile, bis sie das können.

Bei diesem Kind war das anders. Es sah mich wirklich an.

Sein Blick war so eigenartig. So strahlend. Und je länger es mich ansah, umso mehr Lieder fielen mir ein. Ich hockte da, vor diesen wildfremden Leuten, und sang ein Lied nach dem anderen.

Die Lieder kamen ganz von selbst. Ich sang von meinem Vater, wie er mir fehlt und wie sehr ich mich nach ihm sehne. Ich sang von unserem Hunger, davon, wie

meine Geschwister weinen, wenn das Brot aufgegessen
ist. Ich sang davon, wie traurig meine Mutter ist und
wie sehr ich mir wünsche, dass sie wieder lacht. Ich
sang mir alles von der Seele, meinen ganzen Kummer.
Und das Neugeborene hörte mir zu.

Das war schön.

Irgendwann ging das Tor auf. Die anderen Hirten kamen herein. Alle. Sie hatten doch tatsächlich die Schafe
allein gelassen! Dabei ist uns das streng verboten!

Die Frau stand auf. Sie legte das Kind in die Futterkrippe. Der Mann hängte seine Laterne an einen Balken. Die Kerze darin war fast heruntergebrannt.

Es war schon eigenartig, wie wir da in diesem Stall he-
rumstanden. Wir kannten die Leute mit dem Kind ja gar
nicht. Als meine Mutter damals Esra bekommen hatte,
war nur ihre Freundin Asha da gewesen. Ich glaube, meine Mutter hätte sich mächtig aufgeregt, wenn auf einmal die Tür aufgegangen wäre und lauter fremde Männer
in unser Haus gekommen wären, um sich Esra anzugu-
cken. Und als dann sogar noch einer unserer Hütehunde
reinkam und ein paar Schafe, taten mir die Eltern des Babys richtig leid. Da habe ich unseren Hund gerufen und
bin mit ihm und den Schafen zum Feld zurück.

Ich habe Holz auf die Glut gelegt und mich ans Feuer
gesetzt. Ganz allein saß ich da, mitten in der Nacht, und
schaute in die Flammen. Dass so ein kleines Kind ein
Messias sein konnte, das musste ich erst mal verdauen.

Später, als die anderen zurückkamen, dachte ich,
schade, jetzt schicken sie mich gleich wieder weg. Aber
die Männer setzten sich neben mich ans Feuer, als wäre
das normal. Keiner sagte, dass ich weggehen solle.

Das war ein tolles Gefühl. Sie haben sich sogar mit
mir unterhalten, als wäre ich einer von ihnen.

Was für eine Nacht! Wenn ich das morgen meinen
Freunden erzähle, ich wette, das glaubt mir keiner.

DIE SCHAFE

Und was ist mit den Schafen passiert?
Standen sie stumm im Nordwind herum?
Wurden sie von den Hirten geführt?
Oder haben sie, vor Angst fast verrückt
Sich zitternd aneinandergedrückt?
Blieben sie ganz allein auf dem Feld
Und haben sich dort vom Engel erzählt?
Haben gerätselt über den Zweck,
Die Stimme, das Licht und ihren Schreck?
Oder haben sie sich in stockfinstrer Nacht
Gemeinsam auf zu dem Stall gemacht?
Ja, ich denke so war's
Sie fassten Mut
Sie fanden den Stall
Und alles war gut

*Rette dein Leben
und sieh nicht hinter dich.*
1. Mose 19,17

Ich kenne diesen Blick. Diese Entschlossenheit, diese Härte. Das Endgültige in den Augen. Es läuft immer gleich ab. Sie kommen in den Hof, halten ein Messer in der Hand, das sie nicht einmal vor uns verbergen, und schauen in die Runde. Ihr Blick gleitet über uns hin, bis er an einer von uns hängenbleibt. Die dann kurz darauf tot ist.

Ich wusste sofort, was der dicke Mann vorhatte, als er zwischen uns trat. Er sah mich an. Mein letztes Stündlein hatte geschlagen.

Doch im Unterschied zu den anderen, die vor mir hatten dran glauben müssen, war ich nicht gewillt, das hinzunehmen. Seit ich aus eigener Kraft die kalkigen Wände meines Gefängnisses zerschlug, liebe ich mein Leben. In meinen Adern fließt pures Glück, wenn ich morgens erwache und den jungen Tag rieche. Gibt es etwas Herrlicheres, als sich bauchtief im sonnenwarmen Sand zu wühlen, das Gefieder zu schütteln, Körner und Würmer in der Erde zu finden und im Mittagslicht zu dösen? Warum sollte ich mein Leben für die Gelüste eines Menschen opfern?

Ein Zufall rettete mich. Es klopfte an der Tür, und der Mann lief davon. Eine Gnadenfrist, die ich zu nutzen wusste. Menschen lassen nie ab, wenn sie sich einmal etwas vorgenommen haben. Er würde zurückkommen, das war klar. Meine Chance war klein, also ergriff ich sie. Kurzentschlossen flog ich auf den Zaun. Dort sah ich, wie der Dicke an der Tür zwei Fremde samt Esel fortschickte. Die beiden kamen mir erbärmlich vor, besonders die Frau. Ich flog auf die Straße runter und folgte ihnen.

Bald kamen wir zu diesem Stall, in dem wir nun sind. Die Frau gebar ein Kind. Es war noch eine andere Frau da, die ihr half, und der Mann. Alle waren nur mit der Geburt beschäftigt, niemand achtete auf mich. So konnte ich mir in Ruhe ein schönes Versteck suchen. Hinter der Kuh gab es eine Ecke zwischen zwei Balken, in der eine Fuhre Stroh lag. Dort machte ich es mir bequem. In dem Stroh waren genug Körner. Es stand sogar ein Wasserbottich auf dem Boden. Ich war beruhigt und dachte, nun kann ich mich erholen.

Aber kaum war das Kind da, tauchten jede Menge Leute auf. Ein wildes Durcheinander. Und wie fuhr mir der Schreck in die Glieder, als ich die Frau des Dicken eintreten sah!

Jetzt bin ich dran, dachte ich. Sie ist mir gefolgt. Sie hat gesehen, wie ich entwischt bin, und nun holt sie mich.

Ich drückte mich ins Stroh und machte keinen Mucks. Doch offenbar interessierte sie sich nur für die Fremden, hauptsächlich für die Frau und das Kind. Sie ging zu ihr, sah sich den Säugling an und sagte, es täte ihr leid, wie schroff ihr Mann sich verhalten hätte. Sie sagte, sie habe sich aus dem Haus geschlichen, um zu helfen. Und um das Kind zu sehen. Sie lobte die Schönheit des Babys, gab der jungen Mutter Oliven und getrocknete Tomaten und sah sich nicht ein einziges Mal nach mir um.

Gerade frohlockte ich und dachte, die Gefahr sei vorüber, da erschien ihr Mann auf der Bildfläche. Eben jener, der mich hatte töten wollen. Mir gefror das Herz im Leibe. Zwar hatte er diesmal kein Messer in der Hand, doch das musste nichts heißen. Mit hochrotem Kopf ging er auf seine Frau zu und stellte sie zur Rede. Was sie hier suche. Warum sie nicht daheim in der Küche sei.

Warum sie sich unerlaubt aus dem Haus schleiche. Warum kein Huhn im Suppentopf sei.

Im Suppentopf! Ich hatte es gewusst.

Die Frau redete ihm gut zu, und schon glaubte ich, es könne noch glimpflich abgehen, da entdeckte der Dicke mich!

Sofort wurde er wild und fing an, herumzuschreien: Nun sei wohl klar, dass es sich bei den Fremden, die so scheinheilig um Quartier nachgesucht hätten, um Diebe handle. Er habe ja schon immer gewusst, dass Dahergelaufene sich an seinem Eigentum vergreifen, und nun hätten sie sein Huhn gestohlen, um es zu verspeisen! Dort hinten säße es! Zwischen den Balken! Er werde diese Leute verklagen!

Sein Geschrei war unsäglich und überaus peinlich, das fiel allen auf außer ihm selbst. Mir saß die schiere Todesangst in den Knochen, ich schlotterte und konnte keinen klaren Gedanken mehr fassen.

Doch dann geschah ein Wunder.

Die Frau des Dicken ging zu ihm, gab ihm einen Kuss und sagte, er möge sich doch bitte beruhigen. Immerhin sei hier gerade ein Kind geboren, da gehöre es sich, leise zu sein. Im Übrigen sähe er das ganz falsch, diese Fremden hätten das Huhn nicht gestohlen. Es befände sich hier, weil sie es ihnen soeben zur Geburt geschenkt habe. Weil man ja wohl etwas schenken müsse, wenn ein Kind zur Welt kommt. Das sähe er doch auch so? Und nun solle er wieder gut und brav sein und mit nach Hause kommen, es sei alles in bester Ordnung.

Dann gingen die beiden hinaus.

Ich saß hinterm Balken im Stroh und kam aus dem Staunen nicht mehr heraus.

Warum hatte sie mir geholfen?

Vielleicht ist sie eine weise Frau und hat erkannt, dass uns Hühnern im Weltgeschehen schon immer eine besondere Rolle zukam? Die Frage, ob zuerst das Huhn da war oder das Ei, ist schließlich eine, die Philosophen bereits seit Jahrtausenden bewegt.

Wie bin ich froh. Nun darf ich am Leben bleiben. Nun darf ich weiter im Sand scharren, Würmer suchen und mir die Sonne auf den Rücken scheinen lassen. Denn die Frau mit dem Baby hat mir, kaum dass die beiden gegangen waren, gleich zugeflüstert, dass sie mir nichts tun werden.

Ich habe ja schon immer viel von Frauen gehalten, doch ab heute preise ich sie selig.

SHIMON – DER VERZWEIFELTE

Ich will reden in der Angst meines Herzens
und klagen in der Betrübnis meiner Seele.
Hiob 7,11

Es war Nacht. Shimon saß schweigend im Kreis seiner Kollegen am Feuer und bedachte sein Schicksal. Er hatte Angst vor dem Morgen, an dem er wieder nach Hause gehen musste. Täglich befürchtete er, seine Frau tot im Bett vorzufinden. Er wusste nicht mehr ein noch aus. Mirjam lag seit Wochen krank. Es ging zu Ende mit ihr. Was sollte aus den Kindern werden, wenn sie starb? Fünf Kinder hatten sie, zwischen zwei und zehn Jahren. Allein würde er das niemals schaffen. Mirjam sprach im Fieber und war nur noch Haut und Knochen. Die Kinder waren verunsichert. Sie klammerten sich an ihn, wenn er von der Arbeit heimkam. Er konnte ihre Fragen und ihre ängstlichen Augen kaum noch ertragen. So gut es ging, kümmerte er sich, pflegte Mirjam, kochte das Essen, wusch die Wäsche und achtete darauf, dass die größeren Kinder mit anpackten, das Haus sauber hielten und die beiden Ziegen molken. Wenn die Kinder abends schliefen, ging er hinaus aufs Feld, um die Schafe des reichen Mannes zu hüten.

Bisher waren Mirjam und er nur über die Runden gekommen, weil sie beide gearbeitet hatten, er als Hirte und sie, wo es eben ging. Entweder hatte sie Nachbarn bei der Olivenernte geholfen oder hatte Wolle gesponnen oder Brot gebacken, das sie auf dem Markt verkaufte. Als Hirte verdiente er zu wenig. Und nun das. Die letzte Geburt war schwer gewesen für seine Frau. Sie hatte lange gebraucht, um sich davon zu erholen. Dann war diese schreckliche Krankheit gekommen. Mirjam war so schwach, dass sie seit Wochen darniederlag.

Er war furchtbar müde. Früher hatte er sich tagsüber etwas ausruhen können, das war schon lange vorbei. Vor Müdigkeit kippte er fast vom Baumstamm, auf
dem er saß. Schlafen war verboten. Sie mussten auf die
Schafe achten. Nicht auszudenken, wenn eines sich ver-
lief und von wilden Tieren geholt würde. Dann würde
der Herdenbesitzer ihn entlassen. Er kämpfte gegen die
Müdigkeit an. Er dachte an Mirjam, beklagte stumm
das Schicksal seiner Kinder, die bald ohne Mutter sein
würden. Wie lange würde er das noch durchhalten? Er
musste stark sein …

Das Feuer war niedergebrannt, nur noch eine schwa-
che Glut glomm vor ihm auf dem Boden. Jemand warf
einen trockenen Ast hinein, und die Funken stoben zum
Himmel. Shimon beneidete die anderen Hirten, die sich
über Banalitäten unterhielten. Er beneidete sie um ihre
kleinen Sorgen. Und wenn sie von ihren Frauen sprachen, gab ihm das einen Stich. Wie gern hätte er mal
jemandem sein Herz ausgeschüttet.

Was sollte nur werden? Drei Ärzte hatte er schon aufgesucht. Alle drei waren gekommen. Der erste hatte gesagt, die Säfte seien im Ungleichgewicht. Er hatte eine Mixtur gemischt, von der Mirjam jeden Tag drei Löffel nehmen sollte. Die Flasche hatte einen ganzen Monatslohn gekostet. Als sie leer war, war Mirjam noch genauso krank gewesen. Der zweite hatte gemeint, es läge an den Ausdünstungen. Er hatte eine Salbe angerührt, die Mirjam täglich auf der Brust verreiben sollte. Die Salbe war genauso teuer gewesen wie die Mixtur. Er hatte sich das Geld zusammenborgen müssen. Genützt hatte es nichts. Der dritte hatte Mirjam lange untersucht und dann gesagt, ihr fehle gar nichts, sie bilde sich diese Krankheit nur ein. Sie müsse sich zusammenreißen, aufstehen und sich um Haus und Vieh kümmern. Mirjam hatte versucht, seinen Rat zu befolgen und war nach drei Schritten zusammengebrochen, worauf der Arzt gesagt hatte, es sei, wie es sei, der Mensch müsse sich Gottes Willen fügen. Ein saftiges Honorar hatte er trotzdem gewollt.

Erst da hatte Shimon es verstanden. Die Ärzte waren mit ihrem Latein am Ende gewesen. Sie hatten nicht gewusst, um was für eine Krankheit es sich handelt. Aber konnte es denn Gottes Wille sein, eine Mutter von fünf Kindern aus dem Leben zu reißen?

Er starrte ins Feuer. Er war so entsetzlich müde ... Letzte Woche war er sogar bis nach Jerusalem gelaufen und hatte die berühmte Heilerin aufgesucht, von der alle nur das Beste berichteten. Er hatte sie gebeten, zu seiner Frau zu kommen. Und sie war gekommen. Im Unterschied zu den Ärzten hatte sie kein Geld gewollt, dafür jedoch war ihm ihr Rat völlig absurd erschienen. Sie hatte gesagt, er solle drei Strohhalme besorgen, auf denen ein unschuldiges Kind gelegen habe. Den ersten Halm solle er unter Mirjams Kopf legen, den zweiten in ihre Hand und den dritten auf ihre Brust. Dann würde sie wieder gesund.

Obwohl er den Rat für sinnlos hielt, war er losgezogen und hatte von Haus zu Haus gefragt, ob es dort ein Kind gäbe, das auf Stroh schliefe. Kinder hatte er gefunden. Keines von ihnen hatte auf Stroh gelegen.

Shimon saß in der Dunkelheit. Seine armen Kinder. Er würde sie weggeben müssen. Sollte er denn zusehen, wie sie verhungerten! Doch wohin konnten sie? Der einzige Verwandte, dem es gut ging, war Mirjams Onkel. Ein unangenehmer Mensch, mit dem er nie warm geworden war. Er würde zu ihm gehen und ihn fragen müssen. Der hatte ein großes Haus, er hatte Vieh und Land und Geld. Ein großes Herz hatte er nicht. Er war ein harter Mann, und seine Frau hasste Kinder. Nur zweimal waren sie bei ihnen zu Besuch gewesen, und jedes Mal hatten die Kinder geweint, weil die beiden so schroff zu ihnen gewesen waren. Es brach ihm das Herz. Wie sollte er das seinen Kindern nur sagen …

Es war kalt. Sein Freund Zachäus legte ein neues Scheit ins Feuer. Es knisterte. Zachäus reichte ihm einen Becher Tee und sah ihn lange von der Seite an. Wenn er wenigstens ihm etwas von seinen Sorgen sagen könnte. Doch was sollte das bringen. Reden nützte nichts. Wie sollte Zachäus ihm denn helfen.

Er trank einen Schluck Tee und gab den Becher weiter.

Vor seinen Augen tauchte Mirjams Bild auf. Er liebte sie sehr. Ihre Geduld, ihren Humor, ihre lachenden Augen. Sie hatte ihm wunderbare Kinder geschenkt. Sie war klug und umsichtig. Eine bessere Frau gab es nicht. Einem Felsbrocken gleich lag der Kummer auf seinen Schultern.

„Shimon", fragte Zachäus. „Was ist mit dir?"

„Was soll sein", erwiderte er.

„Du bist so anders. Du sagst gar nichts", sagte Zachäus. „Hast du Kummer?"

Shimon hob den Kopf und sah seinen Freund an. Er kam ihm wie ein Engel vor.

„Meine Frau ist krank", flüsterte er.

Und dann brach es aus ihm heraus. Er schüttete Zachäus sein Herz aus und erzählte alles. Sogar von den Ärzten und der Heilerin und was sie gesagt hatten.

„Was, wenn sie stirbt?", fragte er. „Warum wir? Warum Mirjam?"

„Gott weiß, was er tut", sagte Zachäus „Du darfst die Hoffnung nicht aufgeben. Vielleicht schafft sie es und kommt doch wieder auf die Füße."

Shimon sackte in sich zusammen, als hätte jemand den letzten Rest Kraft von ihm genommen. Von seinem Freund hatte er mehr erwartet als solch einen billigen Trost. Er schämte sich. Was war in ihn gefahren? Warum nur hatte er zu reden angefangen? Warum? Niemand konnte helfen. Mirjam würde sterben. Er würde die Kinder verlieren. Am besten starb er gleich mit.

In diesem Moment erhob sich ein Donnergrollen über ihnen, das lauter und lauter wurde und zu einem gewaltigen Dröhnen anschwoll. Zugleich fiel gleißendes Licht vom Himmel, tausendmal heller als das Feuer, und blendete ihn. Shimon warf sich zu Boden, schloss die Augen und hielt sich die Hände vor die Ohren. Licht drang durch seine geschlossenen Lider. Ihm war, als setzte sein Atem aus. Sicher ging die Welt unter. Fast war er erleichtert, dass sie nun alle miteinander sterben würden und nicht Mirjam allein. Ihm war, als hätte jemand sein Gebet erhört.

Doch so plötzlich, wie Lärm und Licht gekommen waren, verschwanden sie wieder. Er öffnete die Augen.

Seine Kollegen standen am Feuer, redeten und gestikulierten.

„Was war das?", rief er.

Und Zachäus antwortete: „Hättest du Augen und Ohren nicht verschlossen! Hast du nicht gehört, was er gesagt hat? Ein Bote Gottes war es! Wir sollen zu dem Stall am Rande Bethlehems gehen. Er sagt, dort finden wir den Heiland. Den Retter der Welt!"

„Den Heiland?", stammelte Shimon, der noch immer am Boden kniete.

Nein, er hatte nichts mitbekommen. Und ehe er sich klar machen konnte, was das bedeuten mochte, sah er, wie die anderen davonliefen, in Richtung Bethlehem.

Er wollte aufstehen, doch er hatte keine Kraft mehr.

„Komm mit!", hörte er Zachäus noch rufen. „Vielleicht kann er dir helfen!" Schon war sein Kollege in der Dunkelheit verschwunden.

Mit Mühe schleppte sich Shimon zum Feuer.

Dort sackte er auf den Boden. Er war zu erschöpft, um irgendetwas zu tun. Zu verzweifelt, um an Rettung zu glauben.

Die Flammen züngelten am letzten Holz. Er sah ihnen zu, wie sie kleiner und kleiner wurden. Schließlich verloschen sie. Dunkelheit umhüllte ihn. Die Augen fielen ihm zu. Ich muss auf die Schafe achten, dachte er noch. Ich muss wach bleiben ... sie beschützen ... ich muss Mirjam retten ... wie kann ich sie nur retten ... Dann schlief er ein.

Es dämmerte bereits, als Zachäus ihn an der Schulter rüttelte.

„Shimon! Shimon! Wach auf!", rief er. „Wach doch auf!"

Shimon rieb sich die Augen. Wahrhaftig, er hatte geschlafen!

„Sieh, was ich dir mitgebracht habe", sagte Zachäus und streckte ihm seine geöffnete Hand entgegen, in der drei Strohhalme lagen.

DIE MAUS

Ich wohne hier schon lang im Stall
Doch das gab es noch nie
So voll so hell so überall
Die Leute und das Vieh

Grad habe ich zehn Kinderchen
Im Nest zur Welt gebracht
Vielleicht dass diese vielen Leut
Das hörten über Nacht

Und wollen nun Gevatter sein
Und meine Kindlein sehn
Dann will ich mich darüber freun
Das ist ja auch recht schön

Doch so viel Trubel finde ich
Fast etwas ungemein
Man wird ja gradezu blasiert
Und bildet sich was ein

DIE KATZE

Da werden die Wölfe bei den Lämmern wohnen
und die Panther bei den Böcken lagern.
Jesaja 11,6

Es war mal eine Katze, vor der nahmen alle Reißaus, die sie nur sahen. Sie schlich durch Bethlehems Straßen, gehörte niemandem, und die Menschen fürchteten sich vor ihr.

Die Katze war tiefschwarz, mit einem einzigen weißen Dreieck auf der Stirn, hatte die schärfsten Krallen und gefährlichsten Zähne, die je einer Katze gewachsen waren, und weder Maus noch Mensch waren vor ihr sicher. Kindern, die sich ihr in der unschuldigen Absicht näherten, sie zu streicheln, kratzte sie schneller Hände und Gesicht blutig, als diese davonlaufen konnten. Selbst Erwachsenen hatte sie schon ins Bein gebissen, wenn diese so unvernünftig gewesen waren, sie zu übersehen und zu dicht an ihr vorbeizugehen.

Weil diese Katze so hinterlistig war, wurde sie von allen nur Teufel genannt. Der Name passte zu ihr. Niemand hätte sagen können, aus welchem Grund sie eigentlich so böse war. Am liebsten hätten die Leute sie erschlagen. Es gab nur einen Grund, warum sie dies noch nicht getan hatten: Ihre Teufelskatze sorgte zuverlässig dafür, dass Ställe und Speicher Bethlehems mäusefrei blieben.

Dass ausgerechnet diese Katze einmal Eingang finden würde in die Geschichten, die später von einer besonderen nächtlichen Geburt in einem Stall erzählt werden würden und die kleine Stadt Bethlehem in der ganzen Welt berühmt machten, damit hätte damals niemand gerechnet.

In eben jener Nacht schlich die Katze namens Teufel hungrig durch dunkle Gassen. Sie roch Mäuse. Und wenn sie Mäuse roch, waren welche da. Ab und zu blieb sie stehen und hielt ihre Nase in die Luft. Je näher sie dem appetitlichen Geruch kam, umso sicherer wusste sie, dass es sich bei ihm nicht nur um eine Maus handelte. Es mussten Jungtiere sein. Viele Jungtiere. Ihre Leibspeise.

Nase voran schlüpfte sie durchs Tor und landete schnurstracks in einem Stall. Sie wunderte sich, warum sich mitten in der Nacht derart viele Leute dort aufhielten. Wie üblich wichen die Menschen vor ihr zurück. Doch heute scherte sich Teufel nicht um Menschen. Ein Mäusenest voller Jungtiere war interessanter.

Sie hatte gleich Fährte aufgenommen. Hier war sie richtig. Der Geruch war schlicht betörend. Das Nest musste hier drin sein. Sie leckte sich die Lippen, schnupperte, duckte sich und pirschte lautlos in Richtung Beute. Ihre Schnurrhaare zitterten vor Gier.

Auf einmal stutzte sie. An der Quelle des feinen Geruches, genau dort, wo sie das Mäuseloch vermutete, versperrte ihr eine Frau den Weg. Sie saß auf dem Boden und hielt ein Kind im Arm.

Teufel sah die Frau an. Genau hinter ihr musste das Loch sein. Das war ärgerlich. Teufel verengte die Augen zu Schlitzen. Sie machte einen Buckel. Sie sträubte das Fell. Sie stellte den Schwanz zur Bürste auf. Sie wusste, dass Menschen diese Sprache verstanden.

Die Frau ignorierte ihre Drohgebärden. Sie hatte nur Augen für ihr Kind.

Da wurde Teufel zornig. Sie fauchte.

Die Leute im Stall hielten den Atem an. Manche riefen der jungen Mutter Warnungen zu: Sie solle nur schnell aufstehen, sich und das Kind in Sicherheit bringen. Diese Katze sei gefährlich.

Doch die Frau blieb sitzen und sah nur ihr Kind.

Teufel machte einen Schritt auf sie zu. Und noch einen. Jetzt stand sie direkt vor ihr. Sie fuhr ihre Krallen aus und hob die Pfote. Gleich würde sie der Unerschrockenen einen Hieb versetzen, den diese ihr Lebtag nicht vergessen sollte.

Im selben Moment streckte die Frau gedankenverloren ihre Hand aus und streichelte Teufel den Kopf. Normalerweise hätte die Katze blitzschnell reagiert. Sie hätte um sich geschlagen, gekratzt und gebissen. Sie hätte sich festgebissen an der Hand und es wäre Blut geflossen. Doch zu ihrer eigenen Verwunderung und zur noch größeren Verwunderung aller Anwesenden stand sie reglos, als wäre sie mit einem Bann belegt. Die Finger der Frau glitten durch ihr Fell. Sie berührten ihren Kopf und fuhren ihr sanft über den Rücken. Und Teufel stand still. Ganz still. Und ließ sich streicheln.

Die Leute konnten nicht fassen, was sich vor ihren Augen abspielte. War das ihre böse Katze, die sich gerade gegen die Hand der Frau schmiegte, als wolle sie noch mehr gestreichelt werden? Allen stand der Mund offen. Sie wussten ja nicht, dass ihre verhasste Katze noch nie in ihrem Leben gestreichelt worden war. Sie wussten nicht, dass sie die einzige von zehn gewesen war, die es geschafft hatte, sich aus dem mit Steinen beschwerten Sack herauszubeißen, den ein Mann ins Wasser geworfen hatte. Dass sie sich von klein an ohne Mutter hatte durchschlagen müssen, durch Regen und Kälte und Hunger. Dass kein Mensch sie je warmgehalten und kein Tier sie trockengeleckt, und dass sie nur um ein Haar überlebt hatte. Sie wussten einfach nicht, dass Teufel in dieser Nacht zum allerersten Mal gestreichelt wurde. Dass sie zum ersten Mal merkte, wie gut sich Zärtlichkeit anfühlt.

Und darum staunten die Leute über die Maßen, als diese Katze, die sie wie den Leibhaftigen fürchteten, sich nun zu der fremden Frau auf den Boden legte, sich einkringelte und zu schnurren begann.

Alle, die dieses Wunder mit angesehen hatten, fragten sich, wie das möglich war. Sie stellten eine Menge Vermutungen an, derart, dass sie der fremden Frau übernatürliche Kräfte zuschrieben und meinten, sie müsse ihre Katze verzaubert haben. Besonders, da Teufel seit jener Nacht nie wieder einen Menschen anfiel und sich sogar von kleinen Kindern friedlich streicheln ließ.

Seither erzählten die Menschen aus Bethlehem diese Geschichte. Sie erzählen sie ihren Kindern, Enkelkindern, Verwandten und Bekannten. Und wenn sie am Ende der Geschichte angekommen sind, sagen sie: „Das ist sicher. Es muss an der Frau gelegen haben. An dieser Frau mit dem Kind. Etwas an ihrer Berührung muss gemacht haben, dass diese Katze ihre Bosheit verlor. Wie ist es sonst zu erklären, dass unser Teufel solch ein Lämmchen wurde. Aber wer weiß, vielleicht lag es auch an jener Nacht, die so besonders war."

Und damit hatten sie nicht ganz unrecht.

Denn eine besondere Nacht war es wirklich gewesen.

LUBIA – DIE LIEBENDE

Komm, mein Freund, lass uns aufs Feld hinausgehen und unter
Zyperblumen die Nacht verbringen.
Hohelied Salomos 7,12

Lubia hängte das Ende des Seils über die Brunnenwinde. Dann nahm sie die beiden vollen Eimer auf. Wie
schwer die waren. Zum dritten Mal holte sie heute
Wasser. Ein Waschtag war anstrengend. Also wieder
zurück. Über die Wiese. An den Olivenbäumen vorbei.
Über den Hof. Durch den Flur. Was waren diese Eimer
schwer! Gleich hatte sie es geschafft. Nur noch ins
Haus. Bis zur Küche ...

Sie trat in den Flur. Vor der Küchentür blieb sie ruckartig stehen. Vater war in der Küche! Ganz deutlich hörte sie seine Stimme. Lubia runzelte die Stirn. Sonst war
er tagsüber nie zu Hause.

„Und du hältst den Mund", sagte er. „Nicht, dass du
vorher etwas ausplauderst. Es ist beschlossene Sache."

Leise stellte Lubia die Eimer ab. Was ging hier vor?

„Und wenn sie sich weigert?", fragte die Mutter.

„Was heißt hier weigert?", schimpfte Vater. „Sie wird
diesen Mann heiraten, weil ich das sage, und fertig. Sie
ist siebzehn! Es wird höchste Zeit! Er ist Beamter, reich,
fast dreißig, hat ein prächtiges Haus und sogar Lände-
reien! Einen besseren Ehemann finden wir nie. Ich hatte den Vertrag gleich mit, als ich eben bei ihm war. Zum
Glück hat er ihn gleich unterschrieben. Morgen kommt
er, und dann gebe ich die Verlobung bekannt."

Ihr Herz setzte aus. Also doch! Ihre schlimmsten
Befürchtungen waren eingetreten. Mit einem fremden
Mann wollte er sie verheiraten!

Sie biss sich auf die Lippen. Was jetzt? Sie musste zu
Matthan! Wie oft hatte sie schon versucht, ihren Vater

umzustimmen! Nein! Das ließ sie nicht mit sich machen!

Sie ließ die Eimer stehen, kehrte auf dem Hacken um, schlich aus dem Flur, rannte über den Hof, hinaus zum Tor, am Stall ihres Vaters vorbei und dann hinaus aufs Feld.

Schon von Weitem sah sie die Schafe. Gott sei Dank, Matthan war da. Sie flog ihm entgegen.

„Matthan!", schrie sie. „Matthan!"

Dann war sie heran und fiel in seine ausgebreiteten Arme.

„Was ist dir, Lubia?", fragte er. „Du glühst ja."

„Vater", stieß sie hervor, noch völlig außer Atem. „Er hat ... er will mich ... morgen ... er will mich mit einem Fremden verloben!"

„Nein!"

„Ich liebe doch dich!", rief sie. „Was nun? Das ist so schrecklich!"

„Pst", machte Matthan und legte ihr den Finger an die Lippen. „Nicht so laut. Bist du sicher?"

„Ganz sicher! Morgen schon! Ich habe es eben durch die Küchentür mit angehört! Matthan, wir müssen weg! Sofort! Wir haben es doch besprochen. Du hast gesagt, wenn er das tut, müssen wir fliehen. Du kennst meinen Vater. Niemand stimmt ihn um. Wie oft habe ich das versucht! Er will nichts wissen von dir. Ein Hirte ist zu arm, sagt er. Er wird nie erlauben, dass du mein Mann wirst! Nie!" Tränen schossen ihr in die Augen.

„Ruhig. Ruhig", murmelte ihr Liebster und strich ihr

übers Haar. „Mir fällt gleich etwas ein. Warte. Wir müssen es gut überlegen. Keinen Fehler machen. Wir finden schon eine Lösung. Vielleicht ... nein, warte ..."

Der Boden wankte unter ihr. Eine schreckliche Befürchtung packte sie an.

„Matthan!" Sie sah ihm in die Augen. „Du gehst doch mit mir fort, wie du gesagt hast? Du liebst mich? Du darfst mich jetzt nicht im Stich lassen. Ich will dich! Nur dich! Ich will deine Frau werden!"

Er schloss sie in die Arme. „Natürlich liebe ich dich. Das weißt du doch." Er küsste ihr die Tränen weg. „Meine kleine Frau. Hör auf zu weinen."

Sie sah ihn an. Seine guten, dunklen Augen. Sie küsste ihn.

„Wir laufen gleich jetzt weg!", stieß sie hervor.

„Nein", sagte er, „Nicht gleich. Wenn wir das tun, merken es alle sofort. Ich kann unmöglich die Schafe allein lassen. Dann laufen die sonst wohin. Das fiele gleich auf und allen wäre klar, was geschehen ist. Dann rennen die Leute zu deinen Eltern und sagen es ihnen. Dann suchen sie uns und fangen uns wieder ein. Dann ist alles aus. Wir müssen es anders machen. Nachts. Heute Nacht." Er runzelte die Stirn. „Heimlich, verstehst du? Damit wir einen Vorsprung haben. Pass auf. Bei Sonnenuntergang kommen die anderen Hirten. Dann gehe ich nach Hause, wie jeden Abend, und hole ein paar Sachen, die wir brauchen. Du packst auch etwas ein. Wir treffen uns im Stall deines Vaters. Um Mitternacht. Ja? Mitternacht. Dann sind wir morgen früh, wenn sie es merken, schon weit genug fort."

Lubia nickte.

„Ich warte im Stall auf dich", sagte er. „Und nun lauf schnell nach Hause. Lass dir um Gottes Willen nichts anmerken. Bitte! Dein Vater darf keinen Verdacht schöpfen! Nimm wenig mit, nur das Nötigste, was du leicht tragen kannst. Und wenn du durch die Straßen läufst, heute Nacht, musst du leise sein, dass dich niemand hört. Nimm deine Schuhe in die Hand."

„Ja", sagte sie.

Die alte weißbraune Schäferhündin, die Lubia von klein auf kannte, kam zu ihnen gelaufen. Sie war schon ganz grau um die Schnauze. Lubia streichelte sie.

„Du musst los", drängte Matthan. „Sonst merken deine Eltern, dass du hier bist!" Er nahm ihr Gesicht in beide Hände und küsste sie. „Alles wird gut, meine kleine Frau. Wir lieben uns. Wir schaffen das. Alles wird gut! Ich bin stark. Ich finde auch woanders Arbeit. Und dann baue ich uns ein Haus. Dort leben wir zusammen. Ja? Um Mitternacht! Nicht vorher! Ich werde dort sein."

Sie nickte.

Er küsste sie noch einmal.

Dann lief sie zurück.

Ihre Knie waren weich. Ihr Herz raste. Die Gasse, die sie seit ihrer Kindheit kannte, kam ihr fremd vor. Die Häuser rechts und links schienen sich bedrohlich vorzuneigen und ihr etwas zuzurufen.

Bleib!, riefen sie. Bleib hier!

Nein, flüsterte Lubia. Ich gehe fort.

Sie würde Bethlehem nie wiedersehen. Diese Häuser nicht. Ihre Freundinnen nicht. Den alten Brunnen. Ihr Elternhaus. Die Olivenbäume, unter denen sie als Kind gespielt hatte. Nie wieder.

Als sie zu Hause ankam, war die Mutter allein in der Küche. Lubia trug die beiden Eimer vom Flur hinein und begann, die Wäsche zu sortieren.

Auf die Frage ihrer Mutter, warum sie so lange gebraucht hatte, sagte sie, die Winde am Brunnen habe sich wieder einmal verhakt. Sie habe sie erst reparieren müssen. Ihre Mutter sah sie argwöhnisch von der Seite an, fragte aber nicht weiter.

Du weißt es, dachte Lubia traurig. Du weißt es und schweigst. Du hältst zu Vater. Lässt mich in mein Unglück rennen. Ich bin dir egal. Ich, deine Tochter. Sie hatte einen bitteren Geschmack im Mund, als sie das Wasser in den Bottich goss. Bitter und salzig. Schnell wischte sie die Tränen mit dem Ärmel fort.

Schweigend wusch sie die Wäsche.

Zum Abendessen gab es Linsensuppe und Fladenbrot. Lubia bekam kaum einen Bissen herunter. Die Eltern sagten kein Wort zu dem, was sie am Nachmittag in der Küche besprochen hatten. Kein Wort. Sie taten, als sei alles ganz normal, redeten vom Wetter und von der Kuh, die immer weniger Milch gab, von den Geschäften des Vaters und von der Brunnenwinde. Vater sagte, er würde bald eine neue kaufen.

Lubia versuchte, das Brot herunterzuschlucken, das in ihrem Mund zu einem Klumpen geworden war. Es klebte ihr am Gaumen.

„Du bist so schweigsam", sagte der Vater plötzlich. „Hast du etwa schlechte Laune? Ein Mädchen in deinem Alter?" Er lachte.

„Ich bin nur müde von der vielen Wäsche", erwiderte sie. „Ich möchte heute gleich ins Bett."

„Recht so", sagte der Vater und tätschelte ihr die Schulter. „Schlaf dich nur gut aus. Ich habe morgen eine Überraschung für dich."

Ihr Hals war zugeschnürt. Um ein Haar hätte sie das Brot ausgewürgt. Sie biss die Zähne zusammen. Er durfte keinen Verdacht schöpfen. Sie musste sich normal verhalten. Ganz normal.

„Was für eine Überraschung?", presste sie hervor.

Ihr Vater nahm einen Schluck Wein. „Wie neugierig ihr Frauen doch seid. Wenn ich es dir sage, ist es wohl keine Überraschung mehr!"

Sie rang sich ein Lächeln ab.

Nach dem Abendbrot ging sie in ihr Zimmer.

Sie nahm den Leinenbeutel aus dem Schrank und stopfte hastig zwei Kleider hinein. Und ihr buntes Lieblingstuch. Und das Fläschchen mit dem Duftöl. Was noch? Gut wäre, etwas Brot mitzunehmen, aber daran hatte sie vorhin nicht gedacht und nun konnte sie unmöglich noch einmal in die Küche. Nur das Nötigste, hatte Matthan gesagt. Die Kette, die ihr die Mutter zum sechzehnten Geburtstag geschenkt hatte. Und das kleine Stoffpüppchen von ihrer Großmutter. Sie war schon lange tot ... Lubia schluckte. Der Beutel war leicht. Das musste reichen. Sie schob ihn unter ihre Schlafdecke und legte den schafwollenen Umhang zurecht. Die Schuhe stellte sie neben die Tür.

Dann kroch sie ins Bett. Ihre Sachen behielt sie an.

Wenn nur alles gut werden würde! Nun musste sie abwarten. Still sein und abwarten. In der Küche hörte sie noch die Eltern hin und hergehen und leise reden. Das schien kein Ende zu nehmen. Wann gingen sie endlich zu Bett?

Hatte sie nicht doch etwas Wichtiges vergessen? Was brauchte man auf einer langen Reise?

Irgendwann waren Schritte auf der Treppe zu hören. Die Eltern gingen ins Schlafzimmer.

Lubia lag da und wartete.

So war das also. Da liebte man seine Eltern und vertraute ihnen, und kaum war man alt genug, gaben sie einen weg. Das war bei der älteren Schwester genauso gewesen. Ein fremder Mann war ins Haus gekommen, schrecklich alt, und Vater hatte die Verlobung bekanntgegeben. Damals hatte sie das normal gefunden. Heute verstand sie, warum Ruth geweint hatte. Sie war erst fünfzehn gewesen. Sie hatte sie nie wieder gesehen.

Sie horchte. Im Haus war es still.

Durchs Fenster sah sie den Sternenhimmel.

Ihr Mund war trocken. Wenn sie bloß schon im Stall bei Matthan wäre! Hoffentlich machte sie kein Geräusch, wenn sie nachher durch den Flur ging. Sie musste unbedingt auf das morsche Brett achten, das so furchtbar knarrte, wenn man drauftrat.

Der Beutel lag unter ihrer Decke. Sie befühlte ihn mit den Füßen.

Hatte sie wirklich nichts vergessen? Natürlich, das Glückskästchen von ihrem Bruder! Es lag ganz hinten unter dem Fensterbrett. Aleos hatte es ihr geschenkt, als sie ihn vor drei Wochen in Jerusalem besucht hatten. Glück ist drin, hatte er gesagt. Glück. Das würden sie heute Nacht brauchen, ihr Liebster und sie. Aber sie wagte nicht, aus dem Bett zu steigen und im Dunkeln nach dem Kästchen zu suchen. Sie musste es hierlassen.

Sie spitzte die Ohren.

Welch merkwürdige Geräusche es doch in der Nacht gab! Ein Hund bellte von fern. Im Garten knackte und raschelte es, als schliche ein großes Tier durchs Unterholz. Ein Zweig schlug ans Fenster.

Oder war das gar kein Zweig? Waren es Schritte gewesen? Womöglich im Zimmer über ihr, wo die Eltern schliefen? Womöglich die ihres Vaters, der vorhin doch etwas bemerkt und seine Schlüsse gezogen hatte? Und nun irgendwo im dunklen Flur stand und auf sie wartete? Um sie zu packen, wenn sie weglief?

Sie fröstelte. Sie musste alles richtig machen. Sie musste es schaffen! Nur ein paar Schritte über den Flur. Durch den war sie schon oft im Dunkeln gegangen. Links stand die Kanne mit der Milch. Dort durfte sie auf keinen Fall anstoßen. Und die Haustür musste sie ganz leise öffnen. Ihre Eltern heimlich zu verlassen war das Schlimmste. Wahrscheinlich würde sie die beiden nie wiedersehen. Sie biss sich auf die Lippen. Dabei hatte sie wirklich alles versucht, um das zu verhindern. Wie oft hatte sie Vater von Matthan erzählt. Ihn gebeten, dass sie ihn heiraten dürfe. Ihm gesagt, wie sehr sie ihn liebe. Ihm versichert, dass er ein guter Mann war. Schon achtzehn Jahre alt. Dass er fromm und gerecht war. Dass er sein Geld selbst verdiente. Irgendwann hatte Vater ihr den Mund verboten. Und nun würden sie ohne den Segen der Eltern leben müssen. Vater hatte seine Entscheidung gefällt.

Ob es schon Mitternacht war?

Nein, der Mond stand noch zu niedrig.

Vor zwei Jahren war es gewesen, als sie Matthan am Brunnen getroffen hatte. Er hatte sie so schelmisch angesehen und einen Scherz gemacht. Sie hatten beide gelacht. Er hatte ihr die schweren Eimer heraufgezogen. Diese Grübchen an seinen Mundwinkeln. Dieses sternhelle Leuchten in seinen Augen. Er hatte ihr gleich gefallen. Sie hatten sich oft getroffen. Mal am Brunnen, mal am Rand des Feldes, auf dem er die Schafe hütete. An ihrem siebzehnten Geburtstag hatte er sie gefragt, ob sie seine Frau werden wolle und ihr einen riesigen Strauß Feldblumen geschenkt und einen Korb mit Feigen. Er war sogar zu ihrem Vater gegangen und hatte um ihre Hand angehalten. Doch der hatte nur gewütet und ihn hinausgeworfen.

Heute Nacht.

Sie starrte in die Dunkelheit. Es musste gut werden! Sie musste nur still sein. Nur noch etwas ausharren. Nicht mehr lange. Ihr Fuß juckte. Nicht bewegen. Kein Geräusch machen. Matthan würde Arbeit finden. Er würde ein Haus für sie beide bauen. Er würde im Stall auf sie warten. Hinter dem Stall war Bethlehem zu Ende, niemand würde sie sehen, wenn sie davonliefen. Und morgens wären sie weit genug fort.

Jetzt musste es soweit sein.

Ihr Herz schlug bis zum Hals.

Sie lauschte noch einmal. Alles war still.

Sie schlüpfte aus dem Bett, legte sich den Umhang um die Schultern, zog ihren Leinenbeutel unter der Decke hervor und hängte ihn sich um. Auf Zehenspitzen ging sie zur Tür und nahm die Schuhe in die Hand. Dann huschte sie aus dem Zimmer. Im Flur schlich sie nah an der Wand entlang, weitab von dem knarrenden Brett, weit genug weg von der Milchkanne. Als sie eben die Hand auf die Klinke der Haustür legte, knackte es laut.

Ihr Herz setzte aus. Sie hielt den Atem an.

Wie festgefroren stand sie im dunklen Flur. Ihre Hand zitterte vor Anspannung. Sollte Vater wirklich … Ihre nackten Füße krallten sich in den Lehmboden des Flures. Sie biss die Zähne zusammen. Matthan wartete. Er wartete auf sie! Was, wenn sie nicht weg kam? Was sollte er dann denken? Die Anspannung war unerträglich. Jeden Moment erwartete sie die Hand ihres Vaters auf der Schulter.

Doch nichts passierte.

Die Dunkelheit hüllte sie ein. Es blieb still.

Das Geräusch musste von draußen gekommen sein. Erleichtert atmete sie auf. So langsam sie konnte, drückte Lubia die Klinke herunter, trat hinaus und schloss von außen leise die Tür. Dann tauchte sie in die Finsternis der Nacht.

Es war kühl. Sie zog den Umhang fester um die Schultern und eilte lautlos die Gasse hinauf, Freude, Stolz und Trauer im Herzen.

Sie hatte es geschafft.

Der halbe Mond stand über ihr. Und tausende Sterne. Einer leuchtete besonders hell. Er hatte einen Schweif.

Ein guter Stern steht über uns, dachte sie. Matthan hat recht. Alles wird gut. Wir werden Mann und Frau. Wir werden zusammen leben. Wir können alles schaffen. Weil wir uns lieben.

DER ZAUNKÖNIG

Ehe ich gedemütigt wurde, irrte ich.
Psalm 119,67

Der Zaunkönig war schon immer ein neugieriger Vogel gewesen. Doch war er nicht von jeher so klein und schmucklos, wie wir ihn heute kennen. Ursprünglich hatte er die Größe einer Taube und war überaus farbenfroh. Seine Flügel schillerten blau und grün, sein Schwanz war lang und tiefschwarz, sein Brustgefieder changierte in den edelsten Rottönen, und als Zeichen seiner Königswürde trug er sogar drei goldene Federn auf dem Kopf, die er geschickt zu einer Krone formte.

Warum er dann heute so winzig und unscheinbar ist? Das kam so.

In der Heiligen Nacht war der Zaunkönig in der Nähe eines Feldes unterwegs, auf dem Hirten ihre Schafe hüteten. Er hatte den ganzen Tag über nichts zu fressen gefunden, litt Hunger und suchte den Boden nach ein paar Körnern ab.

Als unerwartet ein Licht vom Himmel fiel, erschrak er. Ängstlich duckte er sich hinter ein Schafsbein, lugte hervor und sah, dass ein Wesen auf dem Feld stand, riesengroß, leuchtend, mit Flügeln wie ein Vogel und Händen wie ein Mensch. So etwas hatte er noch nie gesehen. Er zitterte vor Angst. Doch das Wesen sagte, es läge kein Grund zum Fürchten vor, im Gegenteil. Vielmehr sei etwas Wunderbares geschehen. Soeben sei ein König geboren worden, der allen Wesen Frieden brächte.

Nachdem er dies verkündet hatte, forderte der Geflügelte die Hirten auf, zu einem bestimmten Stall zu gehen, um den neuen König zu begrüßen.

Guck an, dachte der Zaunkönig, als er sich von seinem Schrecken erholt hatte. Das trifft sich. Ein König

bin ich ja nun auch. Und nicht der schlechteste. Mit meinem prächtigen Gewand kann ich mich durchaus sehen lassen. Meine Ahnenreihe ist ebenfalls vorzeigbar. Wir Zaunkönige wurden schon von Äsop und Aristoteles erwähnt. Na also. Da werde ich einmal zu diesem neuen König gehen und ihm meine Aufwartung machen. Sicher ist er mächtig, trägt goldene Kleider und sitzt auf einem goldenen Thron. Er wird ein prächtiger Bursche sein. Bestimmt lässt er mich an seiner Tafel speisen, ich habe es dringend nötig. Doch was in aller Welt macht ein König in einem Stall? Nun, das werde ich bald herausfinden.

Rasch ordnete er sein Gefieder und brachte seine drei goldenen Kopffedern in Form. Er achtete generell sehr auf sein Äußeres. Dann flog er den Hirten nach.

Tatsächlich kamen sie bald zu besagtem Stall. Gleich wollte der Zaunkönig zum Tor hinein. Welch ein Andrang dort herrschte! Menschen, wohin man sah. Sie verstopften den Eingang. Er versuchte, sich an ihnen vorbeizudrängeln, aber es war kein Durchkommen. Aufgeregt flatterte er um sie herum und wunderte sich, in welch armseligem Aufzug sie hier erschienen waren. Manche regelrecht zerlumpt, andere in Hauspantoffeln, einer sogar im Nachthemd. Der Zaunkönig war empört. Es gebot doch schon die Höflichkeit, dass man sich schön machte, wenn man einen König besuchte!

Er setzte sich etwas abseits und wollte eben sein Gefieder noch einmal in Ordnung bringen, als er mit Entsetzen feststellte, dass er im Gedränge eine seiner drei goldenen Federn verloren hatte! Er war untröstlich. Diese Federn waren sein ganzer Stolz, und nun hatte er nur noch zwei, die man nicht mehr zu einer richtigen Krone formen konnte.

Konnte er so überhaupt vor den König treten? War das noch standesgemäß? Es musste wohl irgendwie gehen. Begrüßen wollte er den Herrscher trotzdem. Doch wie kam er nun in dieses Gebäude, ohne von den drängelnden Menschen zerquetscht zu werden? Vielleicht gab es ein Fenster, in das er hineinschlüpfen konnte?

Gleich flog er um den Stall herum. Kein Fenster weit und breit, doch links unter dem Dach entdeckte er eine Aussparung. Er versuchte, durch sie hindurch zu schlüpfen. Sie war zu klein. Als er den Kopf wieder aus dem Loch zog, war ihm, als fehle etwas. Tatsächlich: Er hatte noch eine Goldfeder verloren! Welch eine Katastrophe! Nun machte es wohl keinen Sinn mehr, in diesen Stall zu gelangen. Er sah ja fast wie jeder dahergeflogene Vogel aus. Doch seine Neugier auf diesen König war mittlerweile zu stark. Er musste ihn sehen. Ob man übers Dach hineingelangen konnte? Wozu hatte er Flügel? In einem Dach gab es immer Lücken.

Gedacht, getan. Kaum war er auf dem Dach, bemerkte er etliche geflügelte Wesen, ähnlich dem, das er auf dem Feld gesehen hatte. Sie schwebten herum und sangen, dass es eine Freude war. Verzückt lauschte er ihren Liedern.

Dann suchte er nach einem Zugang. Zu seinem Verdruss war es ein stabiles Dach. Nur ganz oben, am First, fand er einen winzigen Spalt. Der leider viel zu klein zum Durchschlüpfen war. Er legte sein Auge an den Spalt, schaute ins Innere und erspähte das Fell einer Kuh.

„Mach mich klein, mach mich klein", flüsterte er, ohne recht zu wissen, wen er eigentlich darum bat. Er steckte seinen Schnabel in die Ritze. Weiter kam er nicht.

„Mach mich klein, lass mich ein", flüsterte er und hielt noch einmal sein Auge an die Lücke. Nun sah er das graue Ohr eines Esels.

„Mach mich klein, lass mich ein, ich will bei diesem König sein", flüsterte er noch einmal.

Was war das? Ehe er noch verstand, was vorging, knackte und zog es seltsam in seiner Brust. Seine Haut wurde faltig, seine purpurnen Federn fielen ihm aus, sein Hals verkürzte sich, sein ganzer Körper zog sich zusammen und schrumpfte. Erst wurde er so klein wie eine Amsel, dann wie ein Stieglitz, dann wie ein Sperling, dann wie eine Kohlmeise, dann wie eine Blaumeise, und noch kleiner, immer kleiner, bis er so winzig war, dass er ohne jede Mühe durch den Spalt schlüpfen konnte.

Mit dem Kopf voran ließ er sich hindurch gleiten. Dabei blieb seine letzte goldene Feder am Dachfirst hängen.

Verstört landete er auf dem Rand einer Futterkrippe, schüttelte sich, und noch fremd im neuen Körper, verlor er das Gleichgewicht und plumpste in die Krippe hinein.

Er sah an sich herunter. Wie zerzaust und zerrupft er war! Sein ehemals buntes Gefieder war graubraun und staubig wie Straßenschmutz. Sein Schwanz lächerlich kurz und nach oben geknickt. Sein Kopfschmuck dahin. Die Königswürde dreifach verloren. Es war vorbei. So konnte er den neuen Herrscher auf gar keinen Fall mehr begrüßen.

Und wie er sich so betrachtete, merkte der Zaunkönig, dass sich unter ihm etwas bewegte. Er sah nach und stellte erstaunt fest, dass er auf einem menschlichen Fuß gelandet war. Allerdings einem ziemlich kleinen Fuß. Wahrhaftig, in der Krippe lag jemand. Ein winziges, verschrumpeltes Menschenbaby, noch mit Schmiere und Blut im Gesicht.

Das Herz des Zaunkönigs zog sich schmerzhaft zusammen. Das war ein Neugeborenes. Und es lag dort völlig allein! Die kleinen Füße waren schon richtig kalt. Das arme Kind würde ja erfrieren. Er musste es unbedingt wärmen!

Sofort setzte er sich auf die Brust des Kindes, um ihm das Herz warm zu halten. Dort, wo er es pochen hörte, breitete er sanft die Flügel darüber und saß ganz still. Nun wand er den Kopf. Vielleicht konnte er den neuen König von hier aus erspähen. Er hätte ihn wenigstens gern gesehen, wenn er ihn schon nicht mehr ansprechen konnte.

Doch merkwürdig, in diesem Stall waren zwar schrecklich viele Menschen, aber niemand sah so recht königlich aus. Hatte er auf dem Feld etwas falsch verstanden? Drei gut gekleidete Männer waren zwar ganz in der Nähe, doch sie trugen so staubige Sandalen, das konnten unmöglich Könige sein. Nun warfen sie sich auch noch zu Boden und legten allerhand Dinge vor die Krippe, die wie Geschenke aussahen.

Der Zaunkönig stutzte.

Geschenke?

Vor die Krippe?

Vor diese Krippe, in der das schrumpelige Baby lag?

Ruckartig drehte er den Kopf und sah das Kind an, auf dessen Brust er saß.

Wahrhaftig! Jetzt fiel ihm wieder ein, was der Geflügelte auf dem Feld gesagt hatte. Geboren, hatte er gesagt. Der König sei gerade geboren!

„Oh, verzeihen Sie, Eure Majestät", flüsterte der Zaunkönig entsetzt. „Ich bin untröstlich! Dass ich mich Ihnen ohne jede Ehrerbietung genähert und mich auch noch mitten auf Sie gesetzt habe. Ich ahnte ja nicht! Niemals hätte ich sonst ... wenn ich gewusst hätte ..."

Gleich wollte er auf- und davonfliegen, doch das Kind hob die Hand und machte ihm ein Zeichen, dass er sitzen bleiben solle. Ganz so, als würde ihm sein warmes Herz recht gut gefallen.

Und in diesem Moment begriff der Zaunkönig, dass es sich hier tatsächlich um einen völlig neuen, außergewöhnlichen König handelte. Einen, der nicht auf das Äußere sah, nicht auf körperliche Größe und Unversehrtheit, nicht auf Leistung, Putz und sonstige Förmlichkeiten, sondern einzig darauf, ob man bereit war, ihm das Herz zu wärmen.

Diese Erkenntnis machte ihn so froh, dass er sein neues Aussehen auf der Stelle akzeptierte. Wofür brauchte er buntes Gefieder und einen goldenen Kopfputz? Wozu musste er groß sein? Dass es nun jemanden gab, der einen so wollte, wie man war, war viel besser als all das.

Und der Zaunkönig beschloss, für immer so klein und unscheinbar zu bleiben und diese wunderbare Botschaft in die Welt zu tragen.

BARTIMÄUS – DER ÜBERFORDERTE

Lehre mich deine Ordnungen.
Psalm 119,108

Bartimäus schreckte hoch. Wahrhaftig, es hatte geklopft! Das war kein Traum gewesen. Hatte man nicht mal nachts seine Ruhe! Was war denn jetzt schon wieder?

Sein Amt raubte ihm oft den Schlaf. Seit zwölf Jahren war er als Schutzmann in Bethlehem für Ruhe und Ordnung zuständig. Er nahm seine Aufgabe ernst. Er liebte die Ordnung. Nichts hasste er so sehr, als aus dem Schlaf gerissen zu werden. Das war der Gipfel der Unordnung. Zumal nach solch einem Tag, an dem er von morgens bis abends auf den Beinen gewesen war, um all diese Leute von außerhalb für die Steuerlisten zu registrieren. Welch ein Durcheinander. Sonst liebte er seinen Beruf. Er übernahm gern Verantwortung, aber neuerdings fragte er sich, wie lange seine Kraft für diese Arbeit noch ausreichen würde. Zum Musizieren kam er auch nicht mehr. Früher hatte er auf der zehnsaitigen Laute in einem Orchester gespielt. Musik hatte ihm stets gut getan. Sie war seine Leidenschaft gewesen. Schon sein Vater war Lautenspieler, von ihm hatte er das Instrument geerbt. Nun lag das gute Stück seit Jahren im Schrank und verstaubte. Er hatte keine Zeit zum Üben mehr. Inzwischen war er so erschöpft, dass er schon einschlief, sobald er sich nur auf einen Stuhl setzte. Als Schutzmann war er für alles Mögliche zuständig, jeder wollte etwas von ihm, und zu jeder Tages- und Nachtzeit klopfte es.

Bartimäus seufzte. Es musste bereits Mitternacht durch sein.

Draußen hämmerte es wie wild an seine Tür.

Was soll's, dachte er. Einer muss schließlich für Ordnung sorgen. Er stieg aus dem Bett.

„Was ist?", murmelte seine Frau schlaftrunken.

„Bin gleich wieder da", sagte er. „Mach dir keine Sorgen." Er warf sich die Jacke über und eilte zur Tür.

Draußen stand sein Nachbar Nathanael.

„Endlich!", rief er. „Dort hinten! Mein Stall! Sieh doch!" Bartimäus sah die Gasse hinunter und rieb sich die Augen. Nathanaels Stall, der eigentlich nur dessen Kuh und einige Strohvorräte beherbergte, erstrahlte wie in Sonnenlicht getaucht. An seinem Tor drängten sich viele Menschen.

„Aufruhr! Zeter und Mordio!", schrie Bartimäus. Hatten Rabauken das Gebäude angezündet? Flammen konnte er keine erkennen. Es roch auch nicht verbrannt. Er musste sofort feststellen, was dort los war.

„Ich komme!", rief er, griff nach seinem Knüppel, zog die Haustür zu und lief los. Wenn er die Sache nicht in den Griff bekam, fiel das auf ihn zurück. Dann gab es Ärger mit dem Statthalter. Wenn er wenigstens jetzt einen Kollegen an seiner Seite hätte! Immer musste er alles allein schaffen! Menschenansammlungen konnten gefährlich sein. Nathanael folgte ihm keuchend.

„Was ist hier los?", brüllte Bartimäus, als er heran war.

Es mussten mindestens zwanzig Menschen sein, die sich am Tor des Stalles drängten. Er schob die Leute zur Seite. „Was wollt ihr hier?", schimpfte er. „Seid ihr meschugge? Es ist tiefe Nacht! Geht ins Bett!"

Doch niemand beachtete ihn.

Bartimäus wunderte sich über die Kamele, die vor dem Stall am Boden lagen. Wem gehörten die denn? Ein Brand war das jedenfalls nicht. Doch woher kam das viele Licht? Einen Aufstand durfte er unter keinen Umständen dulden, römische Besatzung hin oder her, man musste sich nun einmal in die Verhältnisse fügen, sonst ging alles drunter und drüber. Sicher waren hier Vagabunden am Werk, Diebsgesindel und Beutelschneider, die das Volk aufwiegelten. Es ärgerte ihn, dass niemand, den er fragte, ihm Auskunft gab. Er nahm einen Hirten, der das Tor versperrte, am Schlafittchen, zog ihn zur Seite und verschaffte sich Einlass. Dann straffte er sich und packte seinen Knüppel fester. Wahrscheinlich musste er gleich hart durchgreifen. Er war auf das Schlimmste gefasst. Er holte Luft, um sich mit Donnerstimme Respekt zu verschaffen, hob den Knüppel, öffnete den Mund – und verstummte.

Mit allem hatte er gerechnet, aber nicht damit, vor einem Säugling zu stehen. Das Kind lag im Futtertrog, den man mit Stroh ausgepolstert hatte, und war höchstens ein paar Stunden alt. Vor dem Kind knieten drei Männer, in kostbare Gewänder gehüllt, die er noch nie hier gesehen hatte. Neben ihnen hockten einige Hirten. Ein alter Mann mit einer Laterne stand neben einer jungen Frau, die auf dem Boden saß. Nathanaels Kuh stand dort, wo sie hingehörte. Doch neben ihr stand ein Esel, und Bartimäus wusste genau, dass Nathanael keinen Esel hatte. Was sollte das alles bedeuten?

Er schloss die Augen und öffnete sie wieder. Er sah einen winzigen graubraunen Vogel, der reglos auf der Brust des Säuglings saß, und darüber, in der Luft, flogen leuchtende Gestalten herum, die auch sehr vogelartig aussahen.

Träumte er? Er zwickte sich in den Arm. Offenbar war er wach.

Als Schutzmann hatte er schon einiges erlebt. Seine Aufgabe war klar: Die Ordnung herzustellen. Doch dieser nächtliche Auflauf blieb ihm rätselhaft.

Was sollte er jetzt tun?

Er drehte sich um und suchte mit den Augen Nathanael. Da entdeckte er dessen jüngste Tochter Lubia, ein hübsches Mädchen, das sich mit Matthan unterhielt, dem jungen Mann, der als Hirte sein Geld verdiente. Er hatte die beiden schon oft miteinander gesehen. Sie standen eng beieinander, und die Blicke, die sie sich zuwarfen, waren eindeutig. Bartimäus runzelte die Stirn. Hatte Nathanael ihm nicht gerade erzählt, dass er seine Tochter einem anderen geben wollte?

Er sah den kleinen Betto, dessen Vater im letzten Jahr gestorben war und der sich seitdem aufopferungsvoll um seine Geschwister kümmerte. Er sah den Wirt Monides und seine Frau Jakoba. Die ganze Stadt wusste von ihren dauernden Streitereien, doch offenbar brauchten die beiden einander. Er sah Johanna und Siana, Dalal und Ismuni, den alten Joakim und seine Söhne Eleazar und Philemon. Lauter friedfertige Bürger aus Bethlehem. Er kannte sie alle seit Jahren. Was taten sie hier? Sie sahen fröhlich aus und verhielten sich manierlich ...

Unsicher stand Bartimäus vor der Krippe. Das hier war kein Aufstand. Es war etwas anderes. Aber was? Und woher kam all das Licht? Etwa von den fliegenden Gestalten unter der Decke?

Er schaute nach oben, und da war ihm, als höre er einen feinen, vielstimmigen Gesang. Etwas derart Schönes war ihm noch nie zu Ohren gekommen. Eine Musik wie aus einer anderen Welt.

Sie war sehr leise, und so rein und wohlgeordnet, dass ihm ein Schauer des Entzückens über den Rücken lief. Er lauschte ergriffen. Musik! Geschenk der Götter! Wie hatte sie ihm gefehlt! Wenn er sich diese wunderbare Komposition doch merken könnte. Dann könnte er versuchen, sie auf seiner Laute nachzuspielen. Die Töne perlten wie gesponnenes Silber in sein Ohr. Welch ein Zusammenklang. Welch eine Harmonie. Jede Pause, jeder Takt, jeder Ton war so vollkommen, als käme er direkt aus dem Himmel. Überwältigt von dieser Schönheit wurde ihm ganz leicht ums Herz, und all der Druck, der in den letzten Monaten auf ihm gelastet hatte, fiel von ihm ab. Diese tägliche Mühe um Ordnung. Um Sauberkeit. Um die Einhaltung der Gesetze. Dabei gab es etwas Höheres! Die Ordnung, die er als Schutzmann anstrebte, war ja nur ein Teil davon. Nur etwas, das Menschen sich ausdenken, das sie begreifen konnten. Ein winziger Teil. Der eingebettet und getragen war. Es stimmte gar nicht, dass er alles allein schaffen musste. Dass er die Ordnung erst herstellen musste. Es gab sie ja schon! Die viel größere Ordnung, die Harmonie, die alles umschloss. Die auch ihn trug.

Bartimäus lächelte.

Und als Nathanael neben ihm auftauchte, ihn am Ärmel zupfte und fragte, was denn nun würde, warum er nicht endlich einschreite und dafür sorge, dass diese Leute auf der Stelle den Stall verließen, sah Bartimäus ihn an, als erblicke er seinen Nachbarn zum ersten Mal.

„Es ist alles gut, Nathanael", erwiderte er.

„Was ist hier gut?!", schrie Nathanael. „Hast du keine Augen im Kopf? Was machen diese Leute in meinem Stall? Was macht meine Tochter hier? Warum liegt sie nicht im Bett und schläft, wo sie hingehört? Warum ist dieser Taugenichts da, mit dem ich ihr den Umgang verboten habe? Warum ..."

Bartimäus legte seinen Arm auf den seines Nachbarn.

„Nathanael", sagte er. „Gib ihnen deinen Segen." Er deutete auf Lubia und Matthan. „Sie lieben sich."

„Bist du verrückt geworden?" Nathanael lief rot an. „Wen meine Tochter heiratet, bestimme immer noch ich! Das geht dich gar nichts an!"

„Natürlich nicht", erwiderte Bartimäus. „Aber darf ich dich daran erinnern, dass du, soviel ich weiß, vor dreißig Jahren ebenfalls eine Frau geheiratet hast, die deinem Vater missfiel? Du weißt doch noch, wie schwer das für dich war. Lubia scheint ganz nach dir zu kommen, nicht wahr? Gib den beiden deinen Segen. Ich weiß, du willst, dass deine Tochter glücklich wird."

Nathanael schnappte nach Luft und starrte ihn an. Doch dann drehte er sich um, ging auf Lubia und Matthan zu, nahm ihrer beider Hände, legte sie ineinander und seine obenauf. Bartimäus sah die beiden jungen Leute an, und die Freude auf ihren Gesichtern machte ihn glücklich. Solch eine Entschlussfreudigkeit und Großherzigkeit hatte er Nathanael eigentlich gar nicht zugetraut.

Welch eine Nacht. Alles war so anders. Es kam ihm vor, als ob heute etwas Neues begänne. Als ob mit dieser Nacht jeder, wirklich jeder, noch einmal von vorn anfangen könnte. Er zum Beispiel könnte wieder Laute üben. Eine Stunde oder zwei am Tag, das musste sich doch einrichten lassen. Es würde ihm gut tun. Und er könnte bei dem kleinen Orchester anfragen, ob er wieder dort mitspielen dürfte.

Als Nathanael zurückkam und zu ihm sagte, nun könne er aber endlich mal seines Amtes walten und all dieses Gesindel aus dem Stall räumen, erwiderte Bartimäus: „Welches Gesindel?" Er lachte, gratulierte seinem Nachbarn zum richtigen Schwiegersohn, warf einen Blick auf das Kind in der Krippe, auf dessen Brust noch immer dieser merkwürdig kleine Vogel hockte, sah noch einmal zu den hellen Wesen empor, deren Gesang den ganzen Raum erfüllte, trat zu der fremden jungen Frau, die offensichtlich die Mutter des Neugeborenen war, verbeugte sich vor ihr, wünschte ihrem Kind ein glückliches Leben, nickte den anderen zu und ging leise durchs Tor auf die Gasse hinaus.

Leichten Schrittes kehrte er in sein Haus zurück, hängte Jacke und Knüppel an den Haken, legte sich ins Bett zu seiner Frau und gab ihr einen Kuss.

Sie wachte auf. „Was war denn los?", fragte sie.

„Nichts, mein Liebling", sagte Bartimäus. „Alles in Ordnung. Ach, weißt du was? Ab morgen fange ich wieder an, Laute zu spielen."

DIE DREI WEISEN – KÖNIGLICHER DENKFEHLER

Da kamen Weise vom Morgenland nach Jerusalem und sprachen:
Wo ist der neugeborene König der Juden? Wir haben seinen Stern
gesehen und sind gekommen, ihn anzubeten.
Matthäus 2,1 u. 2

Leider machten die drei berühmten Könige, jene, die sich mit Sterndeuterei befassten und eigentlich weise hätten sein müssen, einen fatalen Fehler. Bevor sie den Stall erreichten, gingen sie einen Umweg. Und das, obwohl sie schon hätten wissen müssen, dass es die kleine Stadt Bethlehem war, in der das Wunder geschehen sollte. Dass sie dort den verkündeten König der Juden finden würden. Eigentlich hätten sie schnurstracks nach Bethlehem hineingehen sollen. Stattdessen lenkten sie ihren Treck nach Jerusalem. Sie besuchten König Herodes. Und damit nimmt das Drama seinen Lauf.

König Herodes, auch als Herodes der Große bekannt, ist ein mächtiger Herrscher. Ihm sind die Gebiete Judäa, Galiläa und Samaria unterstellt. Doch er muss aufpassen. Die römischen Besatzer haben ihn lediglich als Klientelkönig eingesetzt. Als solcher untersteht er der Besatzungsmacht, ist also nur König von Roms Gnaden. Zwar kann er in den ihm zugewiesenen Gebieten frei agieren, wird jedoch überwacht, ist abhängig von Rom und kann jederzeit abgesetzt werden.

Herodes will um jeden Preis auf dem Thron bleiben. Er ist besessen von Macht. Mit den Römern stellt er sich gut. Trotzdem fühlt er sich unsicher. Hinter jeder Ecke wittert er Intrigen aus den eigenen Reihen. Ständig fürchtet er, vom Thron gestoßen zu werden. Er umgibt sich mit Spitzeln. Er fordert unbedingten Gehorsam. Er herrscht mit harter Hand. Ja, er lässt sogar zwei seiner Söhne, seinen Schwager und seine eigene Ehefrau hin-

richten, als ihm seine Spitzel zutragen, diese haben angeblich eine Verschwörung gegen ihn angezettelt.

Kaum hört Herodes von den ausländischen Reisenden, dass in Judäa ein neuer König geboren worden sei, kochen Angst und Wut wie ein Vulkan in ihm hoch. Ein Nachfahre Davids soll dieser neue König sein, sagen die Sterndeuter. Das ist umso gefährlicher für ihn. Sofort ruft er seine Schriftgelehrten und Theologen zusammen. Er befragt sie, wo diese Geburt stattgefunden habe. Sie nennen ihm Bethlehem.

Man muss sich Herodes Entsetzen vorstellen. Er kennt die Weissagungen. Bethlehem gilt als Stadt Davids, dem verheißen worden war, sein Nachkomme werde auf ewig den Thron erben. Für Herodes ist ein Thronanwärter, der von David abstammt, besonders gefährlich, weil dieser die religiöse Legitimation der Königsmacht mitbringt, die ihm selbst fehlt. Bei dieser Nachricht kann er sich nichts anderes vorstellen, als dass der neue König nun gekommen ist, um ihn zu entmachten. Um seinen Platz einzunehmen. Und dies, schwört er sich, wird er mit allen Mitteln verhindern.

Er muss fieberhaft überlegt haben. Vor ihm stehen diese drei Sterndeuter, diese arglosen Menschen, und wollen ausgerechnet von ihm wissen, wo sie den neugeborenen König finden können. Sie vermuten ihn gar in seinem Schloss! Er darf diese Männer nicht vor den Kopf stoßen. Er braucht sie, um herauszufinden, wo das Königskind ist. Er muss es raffiniert angehen.

Ihm fällt auch gleich etwas ein. Höflich lädt er die Fremden zu Tisch und lässt sie mit Köstlichkeiten bewirten. Freundlich spricht er mit ihnen, heuchelt Interesse am Königskind, stellt viele Fragen und bittet, ihn teilhaben zu lassen an Anbetung und Freude. Leider wisse er noch nicht, wo sich das gesegnete Kind befände, sagt er, doch wenn sie es herausbekämen, wenn sie es wüss-

ten, sollten sie es ihm bitte gleich sagen, damit er auch hingehen und ihm huldigen kann.

Und die Besucher versprechen es.

Er hat sie geködert.

Eine brisante Situation. Drei ausländische Könige werden als Spione ausgeschickt. Und sie lassen sich darauf ein. Sie hegen keinerlei Verdacht. Sie ahnen nichts von Herodes Mordplänen. Sie verabschieden sich, lassen sich wieder vom Stern führen und gelangen nach Bethlehem. Sie finden den Stall, begrüßen Maria und Joseph, werfen sich vor dem Kind in den Staub, legen ihre Geschenke nieder …

Aber eines ist merkwürdig.

Die drei fremden Könige kamen von weit her und ließen sich den ganzen Weg über vom Stern leiten. Sie vertrauten ihren astronomischen Kenntnissen ebenso wie den Weissagungen und ließen sich durch keine Strapazen von ihrem Vorhaben abbringen. Warum änderten sie diese Vorgehensweise? Warum gingen sie überhaupt zu Herodes? Warum dieser eigenartige Umweg?

Vermutlich, weil sie Menschen waren. Menschen können schwer aus ihrer Haut. Menschen verlassen lang eingeübte Denkstrukturen höchst ungern. Diese drei edlen Herren, die sich mit den Sternen und der Magie auskannten, hatten, obwohl sie aus völlig verschiedenen Gegenden stammten, eines gemeinsam: Sie hatten von Kindesbeinen an in Herrschaftskategorien gelebt. Sie waren gewöhnt an Machtstrukturen. Sie fanden das normal. Sie hatten ein klares Bild von Königen und Untertanen im Kopf, von „denen da oben" und „denen da unten". Aus ihrer Sicht gab es zwischen diesem Oben und Unten keinerlei Verbindung. Darum konnten sie sich einen neuen König einfach nicht in den ärmlichen Hütten Bethlehems vorstellen. Das war ihr Problem. Ein König in einer heruntergekommenen Umgebung lag au-

ßerhalb ihrer Denkfähigkeit. Für sie war klar, dass ein König sich natürlich nur in einem Schloss aufhalten würde. Deshalb gingen sie in das Schloss des Landesherrschers. Dort vermuteten sie das Kind. Und das war für sie genauso selbstverständlich, wie es für Herodes selbstverständlich war, dass jeder neue König ebenso machtbesessen sein musste wie er selbst. Und damit eine Gefahr für ihn darstellte.

Die Geschichte vom Besuch der drei fremden Männer bei König Herodes ist eine Geschichte beschränkter menschlicher Vorstellungskraft. Sie erzählt, wie wir funktionieren. Es ist eine Geschichte, die wir täglich erleben. Am liebsten tun auch wir nur Dinge, bei denen wir uns schon vorher sicher sind, wie sie ausgehen. Am liebsten haben wir feste Bilder im Kopf, sind überzeugt von ihnen und vermeiden es, uns auf neue Sichtweisen einzulassen. So sind wir. Wir urteilen vorher. Vorurteile sind praktisch. Wir brauchen sie, um uns in Gefahrensituationen, in denen Nachdenken unmöglich ist, rasch orientieren zu können: Angriff? Flucht? Erstarrung?

Doch genau hier liegt der Irrtum. Vorurteile sind eben nur für lebensgefährliche Situationen sinnvoll, in denen tatsächlich keine Zeit zum Nachdenken bleibt. Das vergessen wir gern. Das Verhalten der drei fremden Könige in der biblischen Geschichte hat schlimme Konsequenzen. Herodes schmiedet Pläne, wie er den neuen König beseitigen kann. Er wartet auf die Rückkehr und den Bericht der ausländischen Herrscher, um seine Pläne möglichst rasch umsetzen zu können. Er wird unruhig und ungeduldig gewesen sein in dieser Zeit des Wartens. In höchster Alarmstufe. Doch er wartet umsonst.

Denn als die drei Sternkundigen auf das Kind in der Krippe treffen, passiert etwas mit ihnen. Etwas, das sie auf die Knie fallen lässt. In den Staub. Dorthin, wo Könige sich normalerweise selten aufhalten.

Als sie den Stall wieder verlassen, haben sie sich verändert. Sie entscheiden sich anders. Sie machen einen großen Bogen um Herodes Schloss. Wie Diebe schleichen sie sich heimlich davon, sorgfältig darauf bedacht, seinen Wachen verborgen zu bleiben. Sie brechen ihr Versprechen einem König gegenüber.

Das ist ungeheuerlich. Das kann nur heißen, dass ihre Weltsicht in diesem Stall durcheinander geraten ist. Sie haben das Kind gesehen und wissen nicht mehr, ob König sein und mächtig sein noch zusammen gehören. Vielleicht wissen sie nicht einmal mehr, was Herrschaft überhaupt ist. Sie haben vielleicht zum ersten Mal in ihrem Leben eine Ahnung bekommen von einer Welt, in der „die da oben" und „die da unten" gleich viel wert sind, Menschen neben Menschen. Von einer Welt, in der Probleme nicht mehr durch Gewalt gelöst werden.

Es ist anzunehmen, dass die Drei ziemlich verstört aus dem Stall kamen. Herodes aber hockt in seinem Schloss und wartet. Er wartet einen Tag und eine Nacht. Bis er begreift, dass die fremden Männer nicht mehr kommen. Er ist außer sich. Er schäumt. Er brüllt seine Soldaten zusammen und schickt sie hinaus mit dem Befehl, noch am selben Tag in Bethlehem und Umgebung alle männlichen Säuglinge bis zum Alter von zwei Jahren zu töten. Alle, ohne Ausnahme. Die Soldaten ziehen los. Eine Katastrophe. Und niemand beruhige sich damit, dass Jesus und seine Eltern Bethlehem inzwischen verlassen haben. Das macht diese Katastrophe um nichts besser.

Warum wird uns zu Weihnachten eine solch grausame Geschichte erzählt?

Weil sie uns einen Spiegel vorhält. Weil sie uns warnen will: So gefährlich sind Vorurteile. Das Schlimmste kann passieren, wenn man in ihnen stecken bleibt. Wenn man sie nicht immer wieder hinterfragt.

STERNSUCHER

Wir suchen den Ort wo Zuversicht ist
Den Ort wo der Engel das Kind begrüßt
Wir wurden von Sehnsucht nach Frieden berührt
Wir suchen den Weg der zu ihm führt

Seit Menschengedenken suchen wir ihn
Das ist unsre Hoffnung wie Brot so schön
Wenn auch seit Generationen die Welt
Von Finsternissen und Kriegen gellt

Wir suchen im Dunkeln das Friedenslicht
Wir lassen unsere Sehnsucht nicht
Wir suchen den Stall wir kommen von fern
Wir suchen das Kind wir folgen dem Stern

DIE KUH

*Du ließest mich geborgen sein
an der Brust meiner Mutter.*
Psalm 22,10

Meist war es ihr zu laut. Sie sehnte sich oft nach Stille. Besonders in der Nacht. Sie liebte die Nacht. Dann duftete das Heu viel intensiver als am Tage. Dann schmeckte es auch besser. Dann legte sich die Ruhe wie eine gute, dunkle Decke über Mensch und Vieh. Dann schliefen die Menschen in ihren Häusern, und auf den Gassen war es still. Nur leise knarrten die Balken des Stalles, wenn sie die Hitze des Tages ausatmeten. Das war ein schönes Geräusch, eines, das sie mochte. Es hatte so etwas Gemütliches. Wenn sie Glück hatte, konnte sie in der Nacht sogar das Lied des Hirtenjungen hören, der draußen auf dem Feld sang. Dieses Lied war schön. Als hätte einer die Stille in Töne gegossen. Dieses Lied erinnerte sie an etwas, an ein wohliges Gefühl von früher. Vielleicht hatte ihre Mutter mal dasselbe Lied gehört, als sie noch in ihrem Bauch gewesen war.

Sie hatte sich schon oft darüber gewundert, dass sie trotz ihrer körperlichen Größe solch ein lärmempfindliches Wesen war. Morgens erschrak sie beim Rattern der hölzernen Wagenräder auf der Straße. Hundegebell fuhr ihr wie ein Messer in die Ohren. Der Hammerschlag des Schmiedes ließ ihr Herz stocken. Schon oft hatte sie versucht, dem Lärm auszuweichen. Vergebens. Man konnte die Ohren nicht schließen wie die Augen.

Ja, sie liebte die Stille und sie brauchte sie. Nur wenn es still war, konnte sie bedächtig lauschen. Dann hörte sie das Leise. Das Hirtenlied. Die Gesänge der Zikaden. Oder das Trippeln der Mäuse. Dann träumte sie von der Schönheit der Butterblume. Dann roch sie den süßen

Duft der Nachtkerzen, die sich erst bei Sonnenuntergang öffneten, eine nach der anderen. Einmal, als sie klein gewesen war, hatte sie diese schönen gelben Blumen gesehen. Sie wuchsen hinter dem Stall.

Ach, die Stille!

Doch in dieser Nacht war es nicht still gewesen. Zuerst war eine alte Frau im Stall aufgetaucht und hatte sich einen Schlafplatz gesucht. Dann hatten ein Mann und eine Frau das Tor geöffnet. Sie hatten einen Esel hereingebracht, der seitdem neben ihr stand. Und kaum waren sie angekommen, hatte die Frau ein Kind geboren. Danach war es zugegangen wie auf einem Jahrmarkt. Ein Laufen und Rennen und Rufen war das gewesen. Hirten waren gekommen und Männer mit Geschenken und Frauen aus Bethlehem und Nathanael, dem der Stall gehörte, und seine Tochter und ihr Freund, und Monides, Bartimäus und noch viele andere. So war es immer weiter gegangen. Menschen über Menschen. In ihrem Kopf war eine furchtbare Unruhe gewesen. Diese vielen Leute! Sie hatte sich bedrängt gefühlt. Sie hatte sich in ihre Ecke gedrückt und gewartet, dass es bald vorbei wäre.

Welch eine Unruhe. Mitten in der Nacht!

Nun war das vorbei. Nun war es wieder still geworden. Die Menschen waren gegangen. Bis auf drei. Das Kind und seine Eltern.

Heilige Stille!

Sie schnaufte leise. An einem Balken hing die Laterne, die der Mann mitgebracht hatte. In der Laterne brannte eine Kerze. Ihr warmes Licht ließ das Stroh wie Gold leuchten. Das Kind schlief

in der Krippe, seine Eltern hatten sich ein Stück weiter auf den Boden gelegt.

Sie hörte den Atem der drei Schlafenden. Sie käute ein wenig wieder. Sie schloss die Augen. Sie wollte ins Dunkel lauschen. Doch etwas störte sie.

Irgendetwas war hier falsch. Was nur?

Sie öffnete die Augen. Nacheinander sah sie die drei Menschen an und überlegte. Sie hatte langsame Gedanken. Sie bedachte, was in den letzten Stunden hier los gewesen war. Sie schaute zum Kind hin, vor dem die kostbar gekleideten Männer sich zu Boden geworfen und die Hirten die Knie gebeugt hatten. Sie dachte über die merkwürdigen Worte nach, die sie geredet hatten.

Der Schein der Laterne fiel genau aufs Gesicht des Kindes. Es lag nur wenige Schritte vor ihr, in der Krippe. Dort, wo normalerweise ihr Futter war. Es lag auf ihrem Futter.

Sie ging näher heran. Solch einen kleinen Menschen hatte sie noch nie gesehen. Nackt und bloß war er, hatte die Augen geschlossen, und seine Brust hob und senkte sich gleichmäßig. Wie hilflos solch ein Menschenkind doch war! Nicht mal ein wärmendes Fell hatte es am Körper. Außerdem schien es unfähig zu sein, sich allein fortzubewegen. Wie wäre es sonst möglich, dass es nicht bei seiner Mutter lag?

Sie kannte sich aus mit Kindern. Sie hatte schon zweimal welche geboren. Ihre Kälbchen waren größer gewesen als dieses hier und hatten sich sofort auf ihre vier Beine gestellt. Gleich nach der Geburt hatten sie das Euter gesucht, sich satt getrunken und sich bei ihr angekuschelt. Kaum waren sie auf der Welt gewesen, hatten sie genau gewusst, was sie tun müssen.

Das schien bei den Menschen anders zu sein.

Sie als Mutter hätte es niemals übers Herz gebracht, ihr Kind so weit von sich wegzulegen.

Natürlich! Jetzt wusste sie, was hier falsch war. Wie konnte ein Kind, das erst vor wenigen Stunden geboren worden war, so weit von seiner Mutter sein, ganz allein? Es musste doch zu ihr. Es musste doch ihre Wärme auf der Haut spüren. Ihr Herz hören!

Je länger sie sich das Kind ansah, umso schwerer konnte sie seine Einsamkeit ertragen. Sie hatte keinen großen Verstand, aber das begriff ja jede Maus, dass ein kleines Kind zu seiner Mutter gehörte!

Sie musste ihm helfen. Doch wie?

Das Kind ins Maul zu nehmen und zur Mutter hinzutragen, wagte sie nicht, aus Furcht, ihm weh zu tun. Ihr musste etwas anderes einfallen. Wenn es wenigstens am Boden läge! Dann könnte sie es mit der Schnauze anstupsen und zu der Mutter hin rollen. Sollte sie vielleicht die Krippe umwerfen, um das Kind auf den Boden zu bekommen? Wie stabil war solch ein Menschenjunges? Ihren Kindern hätte das nichts ausgemacht. Die fielen ja schon bei der Geburt ziemlich tief. Die hatten weiche Knochen. Ob ein Menschenkind sich beim Fallen verletzen konnte? Fragen über Fragen.

Während sie all dies erwog, war sie noch näher an die Krippe heran gegangen.

Sie schnupperte an dem Kind. Es roch nach Milch. Sie schleckte ihm sanft über Ohren und Kopf, genauso, wie sie es mit ihren Kindern gemacht hatte. Da wachte das Kind auf und fing an zu lachen. Offenbar mochte es gern abgeschleckt werden. Das freute sie. Also machte sie weiter, leckte ihm auch die Hände und die Arme, die Beine und den Bauch. Und noch einmal den Kopf. Und die kleinen Füße.

Das Kind lachte lauter.

Da erwachte die Frau, setzte sich auf und sah mit großen Augen zur Krippe hin. Und dann erhob sie sich, ging zu ihrem Kind und schaute es voller Freude an.

„Du lachst ja schon!", sagte sie, nahm es hoch und drückte es an sich.

Das hatte sie gut gemacht. Nun war das Kind endlich bei seiner Mutter.

Und als die Frau das Kleine mit zu ihrem Lager nahm, es sich auf die Brust legte und beide gemeinsam einschliefen, war sie so fröhlich wie lange nicht mehr.

Alles war gut.

Es war Nacht. Es war still. Und das Kind lag bei seiner Mutter. Wo es hingehörte.

Zufrieden nahm sie ein Maul voll Heu aus der Krippe, legte sich nieder und kaute sich in den Schlaf.

WEIHNACHTEN

Ich habe heute ein Wunder gesehen
Das werde ich niemals im Ganzen verstehen
Ein Kind kam zur Welt, verletzlich und klein
Das wollte ihr Helfer und Retter sein
Das wollte Gewalt und Krieg beenden
Mit seinen zärtlichen Kinderhänden
Das wollte Unrecht und Angst zerbrechen
Und den Geschundenen Mut zusprechen
Das wollte stoppen Tücke und Macht
Das wollte erhellen die Menschennacht
Das wollt alles Böse mit Liebe umfangen
Das hatte nach Frieden ein großes Verlangen
Und war doch selbst noch so schwach und klein
Es kann nur ein Wunder gewesen sein

DER SCHWEIGENDE

In jener Nacht, als alles ruhig geworden, als die Hirten auf die Felder und die Engel in den Himmel zurückgekehrt waren, als der Wirt Monides und seine Frau Jakoba versöhnt in ihren Betten lagen und schliefen, als der Hirt Shimon bei seiner kranken Frau angekommen war, als das Kind, dem die Sterndeuter und Hirten gehuldigt hatten, selig träumte, seine Eltern erschöpft im Stroh lagen und selbst das letzte Mäusekind im Nest die Augen geschlossen hatte, da legte sich die Dunkelheit wie ein Mantel über Bethlehem. Leergefegt war der Platz, dessen gestampfter Lehmboden die Gerüche des Tages verströmte, ein sanfter Duft nach Zimt, Oliven und Brot. Still und finster lagen die Straßen, gelöscht waren die Öllampen. Menschen und Tiere ruhten nach einem anstrengenden Tag.

Und doch waren Schritte zu hören.

Da war noch jemand unterwegs.

Es war der eine, der immer unterwegs ist. Der Schweigende, der zwar Ruhe bringt, aber selbst keine hat. Es war der, über den niemand gern spricht, obwohl er gegen jeden gerecht ist. Es war der Tod.

Er ging langsam, in seinen schweren Mantel gehüllt und auf seinen Stock gestützt. Einem Schatten gleich überquerte er den verlassenen Marktplatz und trat zwischen zwei Häusern in eben jene kleine Gasse, an deren Ende der Stall lag.

Seit er denken konnte, verrichtete der Tod sein Amt, die Menschen zu holen, wenn ihre Zeit auf Erden um war. Er beugte sich dem alten Gesetz von Werden und

Vergehen, wohlwissend, dass er gerade bei den Menschen oft nicht willkommen war.

Die meisten fürchteten ihn. Manchmal taten sie ihm leid, wenn sie so uneinsichtig waren, wenn sie Angst hatten, sich an ihr bisschen Leben klammerten, ihn wegstießen oder sich wehrten. Sie glaubten noch immer, er sei ihr Ende. Dabei war er nur eine Verwandlung. Nicht das Gegenteil des Lebens, sondern dessen Bruder. Ein Freund der Menschen. Doch die wenigsten sahen das so.

Im Laufe der Zeit hatte er gelernt, die Menschen, mit denen er zu tun bekam, zu trösten. Am liebsten ging er nachts zu ihnen, wenn es dunkel und still war, damit sie nicht allzu sehr vor ihm erschraken. Und er hatte sich angewöhnt, für die besonders Ängstlichen stets ein paar bunte Steine oder Glasmurmeln in den Taschen seines Umhanges bei sich zu tragen. Die gab er ihnen, um sie abzulenken.

Die Gasse stieg steil an. Er verlangsamte seinen Schritt und musste sich auf seinen Stock stützen. Obwohl er seine Arbeit nun schon so lange verrichtete, machte es ihm von Jahr zu Jahr mehr zu schaffen, von den Menschen so verachtet zu sein. Nur selten erlebte er Momente wie am gestrigen Tage, als er vor den Toren der Stadt die alte Frau geholt hatte, die ihn seit Jahrzehnten herbeigesehnt hatte. Es war ein Tanz gewesen. Mit beiden Armen hatte sie ihn umschlungen und sich leicht wie eine Feder davontragen lassen.

Zum Stall waren es nur noch wenige Schritte. Schon sah er den schwachen Lichtschein, der aus den Ritzen des Tores fiel.

Er hielt inne und lauschte. Alles war ruhig.

Wenn er die Menschen abholte zu ihrer letzten großen Wanderung, ging er behutsam vor. Er näherte sich
ihnen lautlos, stand eine Weile bei ihnen und betrachtete sie. Irgendwann streckte er seine Hand aus und rührte
sie mit dem Finger an. Die meisten merkten, dass es soweit war. Sie reagierten ganz unterschiedlich. Manche
fingen an zu streiten. Wollten ihn verscheuchen. Andere wollten mit ihm handeln, baten um einen Aufschub,
ein Jahr, einen Monat, eine Woche, und versprachen
im Gegenzug, schlechte Gewohnheiten abzulegen oder
Mitmenschen um Verzeihung zu bitten. Sie zählten auf,
was sie unbedingt noch tun wollten. Sie hingen nun
mal am Leben und glaubten, noch nicht fertig damit zu
sein. Wenn sie doch einsehen könnten, dass er nur dem
ewigen Gesetz folgte. Dass es unmöglich war, ihm auszuweichen. Denen, die sich besonders wehrten, sprach
er gut zu. Er zeigte ihnen, wie reich ihr Leben gewesen
war. Er ließ die Bilder ihres Erdendaseins an ihnen vorüberziehen und tröstete sie. Irgendwann willigten sie
immer ein. Manche früher, manche später.

Manchmal war er schrecklich müde von seiner Arbeit. Er traf zwar auch lebenssatte Menschen, die ihm
Einverständnis entgegenbrachten, vor allem aber sah er
viel Einsamkeit, Leid und Verzweiflung. Das ging ihm
nahe. Oft sehnte er sich selbst nach Trost.

Nun war er angekommen.

Er schob das Tor auf und trat ein.

Ein Geruch nach Stroh und warmen Tierleibern
schlug ihm entgegen. Außer dem Atem der Ruhenden
war kein Geräusch zu hören. Erschöpft lagen sie da und
schliefen, Menschen wie Tiere. Der Lichtschein kam von
einer kleinen Laterne, die an einem Balken neben einem

schlafenden Mann hing. Unweit von ihm im Stroh lag eine Frau und schlief ebenfalls. Und vor dem Verschlag, in dem die Kuh und der Esel standen, ruhte das Kind in einer Futterkrippe, die mit Stroh angefüllt war.

Niemand hatte sein Eintreten bemerkt.

Er ging auf die Krippe zu und betrachtete das Gesicht des Kindes. Er lauschte seinen Atemzügen. Sah die zarte Haut, das feine Haar und die winzigen, wohlgeformten Finger. Er beugte sich über das schlafende Kind und streckte langsam die Hand aus, um es zu berühren.

Im selben Moment erwachte das Kind und schaute ihm in die Augen.

Seine Hand verharrte über der Brust des Säuglings.

Er stand still und sah ihn an.

Bisher hatte er das Gesetz niemals infrage gestellt. Alt oder jung, krank oder gesund, hoch oder niedrig waren ihm stets gleich gewesen. Doch nun wurde er unsicher. So hatte ihn noch niemand angeschaut. Etwas in dem Blick des Kindes verstörte ihn.

Nicht, dass er vorher noch keine Kinder geholt hätte. Manches Leben hatte kaum begonnen, wenn er kam. Es lag nicht daran, dass dieser kleine Mensch noch ein Kind war. Es war sein Blick. Er fühlte sich angesehen. Geradezu erkannt. Alle Verzweiflung, deren Zeuge er schon geworden war, und die er mit sich herumtrug, sah dieses Kind.

Und zum ersten Mal war er ratlos. Er brachte es nicht über sich, das Kind zu berühren.

„Sei nicht traurig“, flüsterte das Kind, „ich komme ja bald.“

Und der Tod, der schon so viel gesehen und erlebt hatte, der geglaubt hatte, alles zu kennen, wurde so angerührt von diesen Worten, dass er weinen musste.

Er stand da und fragte sich, was ihm geschah. Mit wem er es hier zu tun hatte. Dieses Kind hatte Macht über das Gesetz. Er konnte es nicht holen. Es war unmöglich.

Er wollte sich abwenden, da streckte das Kind die Arme aus, griff nach seinem Finger und umschloss ihn mit der Faust.

Der Tod versuchte seinen Finger aus der Umklammerung zu lösen, doch das Kind hielt ihn fest.

Da er nun aber gehen wollte, stellte er seinen Stock an der Krippe ab, griff mit der freien Hand in die Tasche seines Umhanges und holte eine der bunten Glasmurmeln heraus. Es war eine schöne Murmel mit roten und honiggelben Sprenkeln.

Vorsichtig löste er die kleine Faust, entzog ihr seinen Finger und steckte stattdessen die Murmel hinein.

Dann nahm er seinen Stock und drehte er sich um. So still, wie er gekommen war, ging er aus dem Stall hinaus und verschwand in der Nacht.

Joseph und Maria aber, die von all dem nichts mitbekommen hatten, wunderten sich am nächsten Morgen sehr über die Murmel in der Faust ihres Sohnes und konnten sich partout nicht erklären, wie sie dort hingekommen war.

DER HUND

Und Gott sah an alles, was er gemacht hatte,
und siehe, es war sehr gut.
1. Buch Mose, 1,31

Oft bin ich allein und verlassen, mich meiden die Menschen
Ich sei nur ein Hund, sagen sie, und ich wäre zu räudig
Mein Fell sei befleckt und sie fürchten sich vor meinen Zähnen
Und komme ich ihnen zu nahe, dann kann es passieren
Sie treten nach mir mit dem Fuß und bereiten mir Schmerzen
Ich frage mich wirklich, warum denn der Schöpfer der Welten
Der baute die riesigen Berge und glitzernden Flüsse

Der trennte den Tag von der Nacht und entzündete Sterne
Der tauchte die Blumen in Duft und gab Blüten den Bäumen
Der setzte die Wüsten ans Meer und belebte die Steine
Warum denn der Schöpfer mich schuf, so allein und verlassen
Mit räudigem Fell und mit Zähnen, die Menschen erschrecken
Warum er mich schuf so gering und im hässlichen Kleide
Auf dass mich die anderen meiden und über mich lachen

Wie schwer ist mein Los, immer bin ich an unterster Stelle
Stets muss ich mich ducken, damit sie mir Krumen zuwerfen
Der Liebe entbehr ich schon lange, es weint meine Seele
Doch gestern kam zu mir ein Mann, dieser nannte sich Joseph
Der bat mich um Hilfe und sagte ich wäre geeignet
Er müsse mit seiner Familie schnell fort aus dem Lande
Er würde verfolgt von Herodes Soldaten, sie trachten

Dem Sohn nach dem Leben, sie wollten den Kleinen ermorden
Er fragte, ob ich sie begleite den Weg nach Ägypten
Ob ich sie wohl warne des Nachts vor den Schergen des Königs
Er sagte, ich sei doch zum Wachen so kunstvoll gebildet
Mit Ohren, die hören den leisesten Ton aus der Ferne
Und mit einer Nase, die rieche Gefahr schon von Weitem
Ob ich sie geleite, auf dass sie den Weg sicher fänden

Es tat mir so wohl, dass er fragte mich räudig Genannten
So wohl, dass ich würdig sei, ihm und den Seinen zu helfen
Ich weiß um die Lanzen der Knechte und ihren Gehorsam
Ich weiß, wie es ist so allein und verlassen zu darben
Drum sagte ich ja und ging mit ihm als guter Begleiter
Um ihn und die Frau und das Kind vor Gefahren zu schützen
Die Frau trug das Kindlein im Arme und saß auf dem Esel

Und nachts wenn sie schliefen, da wachte ich über den Dreien
Nun bin ich ihr Freund und wir kommen gut vorwärts am Tage
Seitdem ist mein Herz mir so warm denn nun weiß ich es wieder
Der Schöpfer der Welten, auch mich hat er herrlich erschaffen
Dass fröhlich ich lebe und hier seine Größe bezeuge
Er schuf mir die kräftigen, schlanken und windschnellen Läufe
Er schuf mich mit gutem Gehör und noch besserer Nase

Er schuf mich mit großer Geduld und mit Demut im Herzen
Als treuen Begleiter der schwachen, bedürftigen Menschen
Dass ich ihnen helfe, damit sie das Ziel nicht verfehlen
Er schuf mich als Hüter der Schafe, als Freund in den Nächten
Dass ich die Gefahren erkenne, bevor sie die Menschen erahnen
Er schuf mich mit Zähnen, Schakale zu packen und Wölfe
Damit sie sich niemals vergreifen an denen, die ich nun beschütze

Ein Mensch hat gesagt, dass ich gut bin, ein Mensch namens Joseph
Er hat mich gefragt ob ich helfe, denn Joseph ist weise
Die Weisesten unter den Menschen nur seh'n ihre Schwäche
Und wissen, dass alle Geschöpfe auf Erden einander bedürfen
Weil jeder von uns nur ein Teil ist und niemals das Ganze
Und weil er mich fragte und weil er mich mitnahm als Beistand
So bin ich beglückt, dass auch ich Teil des Ganzen geworden

Drum singe ich nun auf dem Wege, da ich die Drei leite
Hinauf nach Ägypten, dem Land wo Herodes Soldaten
Die Macht ganz verlieren und ihnen kein Leid mehr zufügen
Die Wege sind steinig und hart, doch ich lebe und singe
Bin ich auch gering, so bin ich's doch wert in den Augen
Des Schöpfers der alles geschaffen, so bin ich doch kostbar

Egal was die Menschen auch sagen und ob sie mich schmähen
Ich freue mich sehr und bin glücklich als fröhlicher Diener
Denn jeder ist schön, den der Odem des Höchsten geschaffen
Und keiner gering, den sein liebendes Auge gesehen

JUHANI – DER MUTIGE

Sie werden ihre Schwerter zu Pflugscharen und ihre Spieße zu
Sicheln machen. Es wird kein Volk wider das andere das Schwert
erheben, und sie werden hinfort nicht mehr lernen, Krieg zu führen.
Micha 4,3

Wir marschieren nach Bethlehem. Eine Legion Soldaten. In gerader Linie. Zweihundert Mann. Unsere Füße
wirbeln Staub auf. Zehn Kilometer. Keine Strecke für
uns. Helme und Harnische glänzen in der Sonne. Jeder
trägt ein Schild, ein kurzes Seitenschwert und eine Lanze. Kinder sollen wir suchen. Um sie zu töten.

Vor drei Jahren war es, an einem Tag im April. Alle
Männer ab dem sechzehnten Lebensjahr mussten vor
Herodes erscheinen. Er brauchte neue Krieger. Nur die
Stärksten wollte er für sein Heer. Meiner Familie ging
es damals schlecht. Die Dürre hatte die Ernte zerstört.
Meine Frau hatte gerade das zweite Kind bekommen und
erholte sich nicht. Meine Mutter war krank. Ich fand
keine Arbeit. Wir hungerten. Als in Jerusalems Straßen
ausgerufen wurde, man solle sich im Palasthof einfin-
den, da bin ich gleich hingegangen. Ich hoffte instän-
dig, genommen zu werden. Es war meine Chance. Soldat
des Königs. Herodes direkt unterstellt. Ein regelmäßiger
Sold! Ich befürchtete, mit siebenundzwanzig vielleicht
schon zu alt zu sein.

Und dann wurde ich wirklich genommen. Ich konnte
es kaum fassen. Ich war so erleichtert! Die Mandelbäu-
me blühten, als ich den Eid ablegte.

Juhani, welch ein Glück für dich, sagten alle. Welch
ein Segen. Meine Freunde klopften mir auf die Schulter. Meine Mutter umarmte mich. Sie weinte vor Freude. Nun sei ich aller Sorgen ledig, sagte sie. Meine Frau
küsste mich. Ich war befreit. Ich war stolz. Ich gehörte

zu den Auserwählten. Ich war einer der Stärksten. Ein Held. Ein guter Sohn, Ehemann und Vater.

Drei Jahre ist das her. Inzwischen habe ich manche Schlacht tapfer geschlagen, Mann gegen Mann. Ich habe kämpfen gelernt, eine gute Ausbildung bekommen, gelernt, meine Angst zu unterdrücken. Stets war ich dankbar, lebendig heimzukehren. Ich verdiene Geld und habe ein Haus gebaut für meine Familie. Ich habe meine alte Mutter zu mir genommen. Ich bin geachtet in Jerusalem. Ich habe einen ehrenwerten Beruf.

Doch heute schlägt mein Herz bang. Wir ziehen in Richtung Bethlehem, meine Kameraden und ich. Die Sonne brennt auf unseren Rüstungen. Es kann nicht mehr weit sein. Bethlehem. Eine kleine Stadt soll das sein, ich war noch nie dort. Eine Schlacht wie jede andere, sagt Herodes. Er erwarte Härte. Er sagt, es sei Gefahr im Verzug. Ein furchtbares Komplott. Es gehe um seinen Thron. Man wolle ihn stürzen. Er sagt, Terror würde unser Land überziehen. Und wir, seine Soldaten, sollen das verhindern. Darum müssten wir die Knaben finden und töten. Alle Knaben in Bethlehem. Vom Säugling bis zum zweiten Lebensjahr. Eines dieser Bethlehem-Kinder, sagt er, wolle uns und unserem Land Vernichtung bringen.

Bisher habe ich stets gegen Männer gekämpft. Mit Schild und Schwert. Männer, gerüstet wie ich. Von Angesicht zu Angesicht. Männer, die in unser Land einfielen, die raubten und mordeten. Die unsere Frauen schändeten, unsere Tiere schlachteten, Häuser in Flammen legten, Äcker verwüsteten. Männer. Ich habe mein Schwert gezogen wie sie. Wir sind uns gegenüber gestanden. Entweder tötet man den Feind oder wird selbst getötet. So ist das, wenn man Soldat ist.

Meine Kameraden schreiten zügig aus. Ihre Gesichter sind ernst. Ihre Fäuste umschließen die Lanzen. Sie sind unbeirrt. Ich sollte ebenfalls unbeirrt sein. Ich muss gehorchen und kämpfen. Auch wenn mein Herz bang schlägt. Ich bin Soldat. Die Befehle des Königs habe ich auszuführen. Mein Eid bindet mich. Ich darf keine merkwürdigen Gedanken haben. Befehl ist Befehl. Wenn Herodes sagt, jemand trachte ihm nach dem Leben, dann ist das so. Auch wenn der Feind ein Kind ist. Herodes kennt sich in politischen Dingen aus. Er hat den prächtigsten Tempel im ganzen Imperium bauen lassen, eine Wasserleitung für Jerusalem, eine Hafenanlage und die Felsenfestung Masada am Toten Meer. Er ist ein guter König. Er sichert unser Leben. Breche ich den Eid, muss ich sterben. Herodes kennt keine Gnade. Wer Ungehorsam zeigt, verwirkt sein Leben. Das weiß jeder.

Wir marschieren nach Bethlehem. Kinder sollen wir suchen. Um sie zu töten. Mein Herz springt mir bald aus der Brust. Ich bin Vater. Ich habe vier Kinder, drei Knaben und ein Mädchen. Nur nicht daran denken! Das schwächt meine Kraft. Befehl ist Befehl. Nicht daran denken. Unbeirrt sein. Ein Kampf wie jeder andere. Aber wie kann ein Kind Herodes bedrohen? Kinder unter zwei Jahren können kein Schwert halten. Sie können sich nicht wehren. Das ist so sicher wie der Lehm unter meinen Füßen. Mein Herz schreit. Es gibt keine Ruhe. Es hat Angst vor Bethlehem. Ich bin Soldat. Ich darf keine Angst haben ...

Heute Morgen habe ich meinen Jüngsten im Schlaf geküsst. Seine Stirn duftete nach Milch. Was, wenn Soldaten in meine Stadt gehen und Kinder suchen. Was, wenn sie glauben, mein Sohn sei der, den sie suchen. Ein Kind! Den König vom Thron stürzen. Das ist doch Irrsinn. Ich will hier weg. Ich will zu meinen Kindern. Bin ich verrückt? Ich muss hierbleiben. Das wäre mein Todesurteil. Dann sterbe ich in Schande. Dann muss meine Familie verhungern.

Alle Kinder unter zwei Jahren. Das ist der Befehl. Ich muss es ja nur tun. Es nur tun. Das Schwert heben. Nicht denken. Mein Herz schreit. Herodes Befehl ist falsch. Ist mein Herz verrückt? Was ist falsch? Was ist richtig? Ich weiß es nicht mehr.

Ich sehe in die Gesichter meiner Kameraden. Ernst und hart. Sie marschieren. Sie schweigen. Niemand scheint den geringsten Zweifel zu hegen. Niemand außer mir. Ich bin allein. Ich falle immer weiter zurück. Schon bin ich in der letzten Reihe.

Ich muss aufhören zu denken. Ich muss die Zähne zusammenbeißen. Den Befehl ausführen.

Dort hinten. Die Türme von Bethlehem.

Kinder sollen wir suchen. Kinder sollen wir töten. Mein König hat das Recht dazu. Oberster Heerführer. Machthaber. Brotgeber. Segen meiner Familie. Ich habe Verantwortung. Ich darf meine Kinder nicht verhungern lassen. Sie müssen leben. Darum muss ich töten. Meine Kinder müssen leben. Kinder sind unschuldig. Kinder sind die Unschuld selbst. Das hat meine Mutter gesagt, als sie unseren Erstgeborenen segnete. Die Unschuld selbst. Aber wenn Kinder unschuldig sind, dann alle Kinder. Auch die Kinder aus Bethlehem. Auch sie haben Mütter und Väter und Großmütter, die sie segnen. Auch sie riechen nach Milch.

Schon kann ich die Stadtmauer erkennen. Das große Tor. Wir haben uns noch immer Zutritt verschafft. Wir sind gefürchtet. Wir, die Soldaten des Königs. Wir werden Haus um Haus durchsuchen. Wer uns hindert, wird das bereuen. Wir werden diese Kinder schnell und ohne Zögern töten. Die Bedrohung muss abgewendet werden. Das ist ein Erstschlag. Eine Verteidigung. Wir sind die Bedrohten. Man muss sich rechtzeitig wehren. Der Feind kann überall sein. Wir wissen nicht, in welchem Haus wir suchen sollen. Also werden wir in jedes gehen. In die kleinste Hütte. Lasst keinen Stall und keine Felsgrotte aus, hat Herodes gesagt. Wir werden nichts auslassen. Jeden Unterschlupf werden wir ausräumen, und wenn es ein Mauseloch wäre. Ich muss es nur tun.

Noch zwanzig Schritte bis zum Tor. Ich muss es nur tun. Noch fünfzehn. Ich packe mein Schild. Noch zehn. Ich ziehe mein Schwert. Befehl ist Befehl. Die Rüstung umschließt meine Brust. Wie eine Faust zerquetscht sie mein Herz. Noch fünf Schritte.

Nein! Ich mache das nicht! Wie soll ich meinen Kindern je wieder in die Augen sehen, wenn ich das tue!

Da, der Strauch! Ich springe. Werfe mich nieder. Auf den Boden.

Ich liege im Staub. Neben dem Strauch. Vor mir die Stadtmauer. Hinter ihr höre ich Schreie. Die Kameraden sind fort. In Bethlehem sind sie und tun, was sie tun müssen.

Ich habe versagt.

Die Flucht ergriffen.

Mich zu Boden geworfen. Was nun?

Auf die Knie! Aufstehen. Schnell! Auf die Füße! Los! Beeil dich! Vor den anderen zurück sein. Schwert und Schild liegen lassen. Die Rüstung vom Körper reißen. Weg damit. Rennen. Zurück. Frau und Kinder nehmen. Fliehen. Weg von hier, und dann fort aus Jerusalem, weit genug. Ich muss leben. Meine Familie retten. Meine Kinder. Meine geliebten Kinder. Bevor Herodes Schergen uns finden.

Vielleicht schaffen wir es. Möge Gott mit uns sein.

WANN

Die Angst des kleinen Herodes
In dunklen Nächten
Er schreit nach der Mutter
Der Vater sagt: Bleib
Schreien kräftigt die Lungen
Stark soll er werden
Deine Liebe verweichlicht ihn nur
Lass ihn schreien
Irgendwann hört er schon auf

Die Angst des großen Herodes
In dunklen Nächten
Die Angst vor Intrige
Vor Ohnmacht
Vor dem Tod
Vor dem Nichts
Er schreit nach seinen Kriegern
Geht, sagt er, tötet, was mich bedroht
Damit das aufhört

Die Angst der Krieger
In dunklen Nächten
Die Angst vor Entlassung
Vor Kerker und Schmach
Vor Hunger und Tod
Sie schreien nach Rettung
Sie schreien nach Gnade
Sie schreien nach Blut
Sie gehorchen
Dann, sagen sie, nur dann
Hört das auf

Die Angst der Kinder
Am helllichten Tage
Da die Finsternis
Bethlehem packte
Da die Kriegsknechte einfielen
In blühende Gesichter
Da die Mütter sich ihnen entgegenwarfen
Da es Nacht wurde in ihren Herzen
Und ihre Seelen gefroren

Die Angst und die Schreie
Das Blut und die Tränen
Der Kampf und das Morden
Wann
Hört es auf wann
Hört es auf
Wann
Dass die Angst
Unser Handeln bestimmt

RACHEL – DIE ZORNIGE

Nimm diesen Becher
mit dem Wein meines Zorns.
Jeremia 25,15

Da kommt eine Frau zum Stall. Schnellen Schrittes. In einen dunklen Umhang ist sie gehüllt, der ihr bis an die Knöchel reicht. Mit der Faust hält sie ihn zu.

Warum kommt sie erst jetzt? Was will sie noch hier? Es ist doch viel zu spät. Es sind doch längst alle weg. Alle Engel und Hirten und Weisen. Selbst Joseph mit Maria und Jesus, samt dem Esel. Und die neugierigen Nachbarn sowieso. Alle schon weg.

Da kommt eine Frau zum Stall. Ihre Füße wirbeln den Staub der Straße auf. Eilig geht sie, wie gehetzt, achtet nicht der Steine, die im Weg liegen, und nicht der Dornen, die ihr den Umhang zerreißen. Um die Schultern trägt sie ein Bündel. Ihr Gesicht ist versteinert.

Die Frau kommt an. Energisch schiebt sie das Tor auf und geht hinein. Sie schaut sich um. Ihre Augen brennen. Ihr Kinn ist nach vorn geschoben. Ihr Blick fällt auf die Krippe. Sie starrt sie an. Die Krippe ist leer. Das hier ist nur noch ein Stall. Mit einer Kuh und einem leeren Futtertrog. Die Kuh hat das Heu gefressen. Ein ganz normaler Stall. In der Ecke Stroh. Das Dach undicht. Nichts Besonderes.

Die Frau ballt die Fäuste. Sie steht reglos, den Blick auf die Krippe gerichtet. Ihr Kind ist tot. Sie kann nichts anderes denken. Ihr Kind ist tot. Sie kann nichts anderes sehen als dieses Bild. Es hat sich eingebrannt in ihr Gehirn. Der Kriegsknecht. Sein Schwert. Er ließ es niedersausen. Dieses Zischen, als das Schwert durch die Luft fuhr. Da war die Zeit stehen geblieben. Da war alles festgefroren in ihr. Ihr totes Kind. Das blutige Schwert.

Der Krieger in voller Rüstung.

Sie steht wie ein Stein. Ihr Kind ist tot.

Sie war mit ihrem Zweijährigen am Brunnen gewesen. Da kam der Krieger. Gerade beugte sie sich über den Rand und zog den Eimer hoch. Der Kleine spielte mit der gelben Katze, die ihnen nachgelaufen war. Sie war nicht vorbereitet. Sie wusste nichts. Nichts von Herodes Befehl. Nichts von der Geburt in diesem Stall. Nichts von den Soldaten. Nichts von einer Gefahr. Als neben ihr ein Schatten auftauchte, dachte sie für den Bruchteil einer Sekunde, es sei einer der vielen Fremden, die gerade in der Stadt waren wegen der Volkszählung. Sie dachte, er wolle sie um ihren Krug bitten, um etwas Wasser zu trinken. Für den Bruchteil einer Sekunde dachte sie das. Sie hob den Eimer aus dem Brunnen und drehte sich um. Da sauste das Schwert nieder und hieb ihrem Sohn den Arm ab.

Die Zeit blieb stehen.

Sie erstarrte. Sie würgte an ihrem Schrei.

Der Soldat hob das Schwert und stach zu.

Als sie sich wieder bewegen konnte, war ihr Sohn tot.

Der Bruchteil dieser Sekunde hörte nicht auf.

Der Soldat lief davon.

Die Welt setzte aus.

Sie steht im Stall. Ihr Sohn ist tot. Nur dieses Bild. Ihr Sohn ist tot. Und jemand ist daran schuld.

Die Nachbarin sagt, Herodes Söldner haben das Kind gesucht, das in diesem Stall geboren wurde. Ein Knabe soll das gewesen sein. Den wollten sie töten. Weil er ein Aufrührer war. Weil er den König vom Thron stürzen wollte. Auf ihn waren die Soldaten aus. Und weil er fort war, weil er sich feige aus dem Staub gemacht hatte, musste ihr Sohn sterben. Ihr unschuldiger Sohn.

Dieses fremde Kind ist schuld! Jesus! Sie wird ihn finden.

Hier hat er gelegen. In dieser Krippe. Der, der schuld ist am Tod ihres Sohnes.

Sie steht vor dem Futtertrog. Starrt das leere Ding an.

Die Nachbarin sagt, sie wisse sicher, dass er hier lag. Sie hat ihn sogar selbst gesehen. Vor einigen Nächten. Seine Eltern waren Fremde. Angeblich soll er königlicher Abstammung sein. Und wenn er Gott wäre. Eigenhändig wird sie ihn umbringen, wenn sie ihn findet.

Sie wird ihn suchen. Ihr Leben wird sie daran setzen. Und dann wird sie ihn zur Rechenschaft ziehen. Genießen wird sie es, ihn sterben zu sehen.

Ihr Sohn ist tot. Er war der Falsche. Warum er?

Warum ist nicht der gestorben, den sie wollten?

Sie will Rache. Sie wird diesen Jesus finden. Etwas anderes interessiert sie nicht mehr. Ihr Sohn war kein Aufrührer. Er wollte niemanden vom Thron stürzen. Er wollte nur leben. Er war ein kleines Kind. Zwei Jahre alt. Ein Kind, das gern mit Katzen spielte.

Sie ballt die Fäuste. Eine Zornesfalte steht zwischen ihren Augen.

Ihr Sohn ist tot. So wahr sie hier steht, sie wird diesen Jesus finden. Ihn, der schuld ist, dass ihr das Liebste geraubt wurde.

Um Gnade wird er flehen. Er kennt den Zorn einer Mutter nicht. Er soll ihn kennenlernen. Und wenn sie um die ganze Welt ziehen muss.

Und bevor sie den Stall verlässt, nimmt sie ihr Bündel von der Schulter und holt ein Stück Stoff heraus. Es ist ein kleiner Umhang. Zerfetzt und blutbefleckt.

Sie küsst ihn.

Sie legt ihn in die leere Krippe.

Ich finde dich, sagt sie. Das schwöre ich bei meinem Kind. Verlass dich drauf. Und wenn ich dich suche bis zu meinem letzten Tag. Ich finde dich. Und dann gnade dir Gott.

SIMEON – DER VERRÜCKTE

Suche den Frieden und jage ihm nach.
Psalm 34,15

Simeon war alt. Obwohl ihm das Gehen mittlerweile schwer fiel, wanderte er von morgens bis abends durch Jerusalem. Unermüdlich sprach er die Menschen an. Er fragte immer dasselbe. Er fragte jeden.

„Sag, was ist dir das Kostbarste?"

Anfangs hatten ihm die Leute noch geantwortet, denn es war üblich, die Alten zu ehren. Inzwischen lachten sie über ihn. Es hätte sie nicht gewundert, wenn er eines Tages ganz verrückt würde. Die meisten winkten ab, wenn er ihnen seine Frage stellte und gingen wortlos weiter.

Simeon war müde. Er war lebenssatt. Er wollte sterben. Denn er hatte genug erlebt, Schönes und Schreckliches. Er wollte zu seinen Ahnen gehen und sich ausruhen. Von Herzen sehnte er sich danach, endlich einen Menschen zu treffen, dessen kostbarstes Gut der Frieden war. Wenigstens einen musste es doch geben! Jemand musste doch die Herzen der Menschen erreichen und diesen Hunger nach Frieden darin ausgießen!

Er wusste: Wenn er diesen Menschen fand, konnte er loslassen.

Als junger Mann war er Lehrer gewesen. Er hatte Kinder und Erwachsene unterwiesen. Er hatte sie das Lesen, Schreiben und Rechnen gelehrt. Er hatte ihnen beigebracht Gebete zu sprechen und Gedichte zu verfassen, die Sterne zu deuten, die Geschichten der Mütter zu verstehen und die Pflanzen zu benennen. Doch was er sie vor allem hatte lehren wollen war, menschlich miteinander umzugehen. Durch sein eigenes Leben hatte er ihnen ein Beispiel geben wollen. Stets war er freundlich zu jedermann gewesen und hatte sich für Versöhnung und Gerechtigkeit eingesetzt. Geduldig hatte er jeden noch so kleinen Streit zwischen seinen Schülern geschlichtet, hatte ihnen gezeigt, wie durch Reden und Zuhören Verständnis für den anderen wachsen kann, und dass es immer einen Weg gibt, friedlich miteinander auszukommen.

Doch die römischen Besatzer hatten Angst im Volk verbreitet. Statt zusammenzustehen, fielen sich seine Landsleute nun gegenseitig in den Rücken. Misstrauen und Furcht hatten sich in jedes Haus geschlichen, man war auf der Hut voreinander, missachtete das Gesetz der Gastfreundschaft, schimpfte über die Schwachen und Fremden, jagte dem eigenen Vorteil nach und betrachtete den Nachbarn als Feind.

Zeit seines Lebens hatte Simeon den Traum gehabt, dass die Menschen Vernunft annehmen würden und damit aufhörten, sich gegenseitig hinzuschlachten. Je älter er wurde, umso unwahrscheinlicher erschien ihm, dass er die Erfüllung dieses Traumes noch erleben würde.

Darum war er auf der Suche. Wenn er wüsste, dass ein Mensch seine Aufgabe weiterführen würde …

Eine Morgens verließ Simeon das Haus, um seine tägliche Wanderung anzutreten. Heute war er besonders müde. Sein Körper schrie danach, sich hinzulegen und auszuruhen. Aber seine Seele trieb ihn, weiterzusuchen.

Da traten auf der Straße zwei Fremde an ihn heran, eine junge Frau und ein Mann in den Fünfzigern, und ehe Simeon den Mund öffnen und seine Frage stellen konnte, begrüßte ihn die Frau und fragte nach dem Weg zum Tempel. Sie trug ein Kind auf dem Arm. Die Tage der Reinigung seien vorbei, sagte sie, darum wollten sie und ihr Mann das Kind im Tempel darstellen, wie es das Gesetz vorschreibe.

Simeon warf einen Blick auf das Kind, und im selben Moment wurde sein Herz von purer Freude erfüllt. Er fühlte, wie auf einen Schlag alle Schwäche und Gebrechlichkeit aus ihm weggewischt wurden. Ihm war, als durchströme ihn noch einmal seine alte Kraft.

Dort, direkt vor ihm, war der, den er so lange gesucht hatte. In den Augen des Kindes sah er eine Friedenssehnsucht, unendlich viel größer und reiner als seine eigene. Er wurde so froh, dass er singen musste. Mitten auf der Straße, vor diesem Mann und der fremden Frau mit dem Kind, sang er ein Lied der Freude und des Lobes.

Er sang davon, dass bald die Mächtigen vom Thron geworfen und die Niedrigen erhöht würden. Er sang von den Schwachen, die aufstehen und eine bessere Welt errichten würden. Er sang davon, dass niemand mehr Herrschaft ausüben würde über einen anderen. Er besang Schwerter, die zu Pflugscharen und Spieße, die zu Sicheln umgeschmiedet werden würden. Er jubelte darüber, dass kein Volk mehr wider das andere das Schwert erheben und nicht mehr lernen würde, Kriege zu führen. Dass die Äcker das ganze Jahr über Korn tragen und die Erde nur noch vom Regen und nicht mehr vom Blut der Soldaten getränkt werden würde. Er sang von dem Tag, da niemand mehr Hunger leiden würde, von den Schmetterlingen über den Feldern, von den Hummeln und Bienen, von Nachtigallen, vom roten Mohn und alten Olivenbäumen. Er sang von nie versiegenden Brunnen und von der Stille der Nacht, vom Löwen, der mit dem Lamm wohnen und ihm kein Leid mehr tun würde, vom Tag, da die Erde und die Menschen wieder neu und unschuldig werden würden und auf alles, was lebt, ein Segen fällt. Und er sang von der Gnade Gottes, von seiner Zärtlichkeit, seiner Sehnsucht nach den Menschen und vom Anbruch eines neuen Zeitalters.

Die Menschen aus Jerusalem, die vorbeigingen, hörten seine Worte. Sie sahen Simeon spöttisch an, der aus voller Kehle sein Lied schmetterte. Sie schüttelten die Köpfe und sagten, nun sei der Alte vollends verrückt geworden, das habe man ja kommen sehen.

Doch die Eltern des Kindes lachten nicht. Sie waren stehen geblieben und hörten ihm zu. Und so konnte Simeon seiner Freude Ausdruck verleihen, bis er leergesungen war.

Nachdem er sein Lied beendet hatte, erbot er sich, die Fremden zum Tempel zu begleiten. Den ganzen Weg entlang tanzte er neben ihnen her wie ein Knabe, machte Scherze und brachte die Eltern und das Kind zum Lachen. Im Tempel angekommen, segnete er das Kind, verabschiedete sich und trat frohgemut den Heimweg an.

Dies war das letzte Mal, an dem der alte Simeon in Jerusalems Straßen gesehen wurde.

Das Lied aber, das er an diesem Tag gesungen hatte, war so stark gewesen, dass niemand, der es gehört hatte, es je vergessen konnte. Seine Worte und seine Melodie hatten sich in den Herzen der Menschen eingenistet. So kam es, dass sie dieses Lied weiter und weiter sangen und es wieder andere hörten, die es ebenfalls nicht mehr vergessen konnten. Und darum ist dieses Lied bis heute bekannt und gibt noch immer denen Kraft, die sich nach Frieden und Gerechtigkeit sehnen.

OPHORUS – DER TRAGENDE

Traget die Schwachen.
1. Thessalonicher 5,14

Vor gut zweitausend Jahren lebte in Judäa ein Mann, der war von furchterregender Gestalt. Er maß zwölf Ellen und überragte damit alle Einwohner des Landes um ein Vielfaches. Er hatte Riesenkräfte und ein hässliches Antlitz, das dem eines Hundes glich. Wenn die Leute ihn sahen, nahmen sie Reißaus. Der Mann hieß Ophorus, und je mehr seine Mitmenschen ihn mieden, umso unnahbarer und stolzer wurde er.

In seiner Jugend verdingte Ophorus sich sieben Jahre lang als Kriegsknecht und errang viele Siege. Die feindlichen Heere suchten schon das Weite, sobald sie seiner nur ansichtig wurden. Doch so gut es ihm gefiel, anderen Angst einzujagen, irgendwann schien ihm, es müsse etwas Besseres auf der Welt geben, als für Geld zu kämpfen. Und er beschloss, nur noch dem mächtigsten Herrscher dienstbar sein und sonst niemandem.

Also ging er los, um den Mächtigsten zu suchen. So kam er zu Kaiser Augustus, dem römischen Herrscher, dessen Reich größer und größer wurde und der als der Mächtigste weit und breit galt. Augustus nahm ihn sofort in seine Dienste.

Nachdem Ophorus ihm sieben Jahre lang gedient hatte, sah er eines Tages, dass Augustus bei einem Spielmannslied, das ein Bänkelsänger ihm vortrug, jedes Mal zusammenzuckte, wenn der Name des Satans genannt wurde. Verwundert fragte er seinen Herrn, warum er bei dem Lied so zucke, und der Kaiser erwiderte, er fürchte sich sehr vor dem Fürsten der Finsternis, denn dieser sei mächtiger als er.

Da verließ Ophorus den Kaiser. Wenn der Satan mächtiger war als Augustus, so wollte er diesem dienen. Er ließ sich seinen Lohn auszahlen, nahm Abschied und ging los, um den Satan zu suchen.

Doch der war schwer zu finden. Nach langer, mühseliger Reise entdeckte Ophorus ihn schließlich in einer Einöde, als schwarzen Ritter verkleidet. Er führte eine Horde übelster Gestalten an, die raubend und mordend durch die Lande zogen. Ophorus stellte sich ohne Federlesen in seinen Dienst, lernte das Räuberhandwerk und lebte mit den dunklen Gesellen sieben Jahre lang.

Da begab es sich, als der Satan eines schönen Sommertages mit seinen Schergen des Weges zog, dass die Zweige eines Baumes über die Straße hingen und ein Kreuz bildeten. Der Satan schrie auf, sprang zur Seite und machte einen großen Umweg, ehe er zu seinen Leuten zurückkehrte. Ophorus wunderte sich über dieses merkwürdige Verhalten, und auf Nachfrage musste sein Herr zugeben, dass Christus mit dem Zeichen des Kreuzes der Einzige sei, den er fürchte. Ophorus, der sich geschworen hatte, nur dem Mächtigsten zu dienen, kündigte auf der Stelle. Nun wollte er den suchen, vor dem der Satan Angst hatte.

Das war leichter gesagt als getan. Er wusste ja weder, wer dieser Christus war, noch wo man ihn finden konnte. Wochenlang zog er durchs Land und fragte jeden, den er traf, erhielt jedoch nie eine zufriedenstellende Antwort.

Mittlerweile war er an der Südgrenze Judäas angekommen, einem wüsten Gebiet, in dessen Nordosten sich die letzten Ausläufer des Hebron-Gebirges erstre-cken. Der weiße Kalkstein leuchtete weithin über die ausgetrocknete Ebene, und Ophorus, durstig von der langen Wanderschaft, freute sich über die Maßen, als er einen Fluss entdeckte. Es war der Fluss Nahal Be'er Sche-va. Gleich stieg Ophorus ins Wasser, badete und trank.

Am Ufer dieses Flusses fand er kurz darauf eine ärm-liche Klausnerhütte, in der ein alter Einsiedler lebte. Sie kamen ins Gespräch, Ophorus fragte nach dem, den er suchte, und der alte Mann sagte, es sei alles genau, wie er berichte. Wenn er dem Höchsten dienen wolle, müss-te er wohl ein Knecht Christi werden.

„Aber wenn er der Höchste ist, warum versteckt er sich dann?", fragte Ophorus. „Wie kann ich einem die-nen, der unsichtbar ist? Woher soll ich wissen, was ich für ihn tun soll?"

Es sei tatsächlich schwierig, ihn zu finden, entgeg-nete der Alte. Seine Herrschaft sei nicht die übliche. Er ließe sich selten sehen. Doch soweit er gehört habe, sol-le Christus in manch verschiedener Gestalt auf der Erde unterwegs sein. Oft sogar schwach oder klein, krank oder alt, so dass man ihn nicht gleich erkenne. Darum, schlug der Einsiedler vor, könnte Ophorus doch fortan den Schwächsten dienen. Wenn er Glück habe, würde er dabei Christus vielleicht eines Tages begegnen.

Ophorus war verwirrt. Den Schwächsten dienen? Das hatte er ja sein Lebtag noch nie getan. Wie das denn gehen solle, fragte er.

Der Einsiedler hatte auch gleich eine Idee. Über den Nahal Be'er Scheva, sagte er, führe keine Brücke. Opho-rus könne doch die Reisenden über den Fluss tragen. Hier kämen viele arme Pilger vorbei, die hinüber und herüber wollten. Meist müssten sie unverrichteter Din-ge wieder fortziehen, da der Strom zu tief und zu breit sei. Dies wäre sicher ein Dienst im Sinne Christi. Außerdem, meinte der Alte, sei er sicher, dass Ophorus seine große Kraft nur aus einem Grunde erhalten habe, nämlich dass er sie einsetze für die, deren Kraft zu gering sei. Für die Armen und Schwachen.

„Aber wovon soll ich dann leben?", erwiderte Ophorus. „Die Armen und Schwachen werden mir weder Lohn zahlen noch Brot geben."

„Dein Lohn wird ein anderer sein", entgegnete der Einsiedler.

Während sie noch so sprachen, kam ein Schäfer zum Ufer, der hinüber wollte. Eines seiner Schafe war ihm entlaufen und flussaufwärts ins Wasser gefallen. Das Tier hatte sich zwar ans andere Ufer retten können, dort schrie es nun, doch der Mann konnte es nicht holen. Er fragte den Einsiedler, ob es hier irgendwo eine Brücke gäbe.

Der verneinte und richtete den Blick auf Ophorus.

Dieser nickte und bot dem Schäfer an, ihn hinüber zu tragen.

Er nahm den Mann Huckepack, trug ihn durchs Wasser, der Schäfer ergriff sein Schaf, und Ophorus trug die beiden wieder zurück, was ihm nicht die geringste Mühe machte.

Und weil der Schäfer ihm so herzlich dankte und so glücklich über die Rettung seines Schafes war, beschloss Ophorus zu bleiben und von nun an Dienst am Fluss zu tun.

Zuerst baute er sich eine Hütte am Ufer, unweit der Klausnerhütte. Dann riss er einen hohen Palmbaum aus der Erde, streifte seine Blätter und Äste ab und hatte nun einen Stab, auf den er sich beim Gang durchs Wasser stützen konnte, falls die Strömung einmal stärker wäre. Wenn Menschen kamen und über den Fluss wollten, trug er sie auf seinem Rücken hinüber, von einem Ufer zum anderen. Das machte er jeden Tag. Er ernährte sich von Datteln und den Früchten des Feldes, die der Einsiedler ihm zeigte. Besonders gefiel ihm, dass die Leute nun nicht mehr vor ihm davonliefen, sondern ihm stattdessen dankbar waren. Seine Dienste sprachen sich schnell herum. Immer mehr Menschen kamen, um sich von ihm tragen zu lassen.

Eines Nachts, Ophorus schlief vor seiner Hütte, erwachte er, weil er glaubte, eine Kinderstimme rufen gehört zu haben. „Ophorus!"

Er rieb sich die Augen und sah sich um, konnte jedoch in der Dunkelheit nichts erkennen. Ich werde geträumt haben, dachte er, und legte sich wieder nieder.

Kaum lag er, hörte er erneut die Stimme, die deutlich seinen Namen rief.

„Ophorus! Starker Ophorus!"

Er stand auf und ging suchend am Ufer entlang. Aber da war nur tiefschwarze Nacht und das Gurgeln des Wassers.

Verwirrt setzte er sich auf sein Lager.

Da hörte er die Stimme zum dritten Mal.

„Ophorus! Starker Ophorus! Trage mich bitte über den Fluss!"

Jetzt wurde er gewahr, dass die Stimme vom anderen Ufer kam. Konnte dort mitten in der Nacht tatsächlich ein Kind stehen? Und sollte er wirklich im Finstern hinüber? Noch nie hatte er den Fluss in der Nacht überquert. Außerdem hatte es in den letzten Tagen stark geregnet, das Wasser war gestiegen, die Strömung gefährlicher denn je.

Doch während er noch überlegte, regte sich sein Herz in Sorge um dieses fremde Kind. Plötzlich befürchtete er, es könne in den Fluss fallen und ertrinken.

Schnell sprang er auf und rief: „Ich komme! Bleibe, wo du bist! Tritt nicht zu nah ans Wasser!"

Er nahm seinen Stab und ging los.

Das Wasser gurgelte und tobte. Die Gischt schlug ihm bis an die Knie. Auf der anderen Seite angekommen, rief er nach dem Kind, und es antwortete ihm. So fand er es.

Bei dem Kind waren eine Frau, ein Mann, ein Esel und ein Hund. Welch unvernünftige Leute, dachte Ophorus, mit einem kleinen Kinde mitten in der Nacht zu reisen!

Die Frau sprach von Herodes, der es auf ihren Sohn abgesehen habe, und von seinen Soldaten, die sie verfolgten, weshalb sie hatten fliehen müssen. Sie fragte, ob er ihnen helfen könne, über den Fluss zu gelangen.

Ophorus sagte, das könne er.

Zuerst nahm er den Esel unter einen Arm und den Hund unter den anderen und brachte die Tiere herüber. Dann ging er zurück.

Beim zweiten Mal nahm er die Frau und den Mann unter jeweils einen Arm. Dann kehrte er wieder um, um das Kind zu holen.

Er hob es vom Ufer auf und setzt es sich auf die Schulter. Das Kind war so zart und leicht, dass er fürchtete, es zu zerbrechen. Mit der rechten Hand hielt er es auf seiner Schulter fest, mit der Linken stützte er sich auf seinen Stab, und so ging er in den Fluss hinein.

Er glaubte seine Arbeit bald getan. Schon dämmerte der Morgen. Die ersten Konturen der Bäume und Felsen waren zu erkennen. Ophorus sah nun, dass der Fluss wirklich gewaltig angeschwollen war. Die Strömung war reißend. Abgebrochene Bäume, Äste und entwurzelte Büsche trieben im Wasser. Doch was ihn viel mehr verblüffte, war, dass das Kind auf seiner Schulter mit jedem Schritt schwerer und schwerer wurde. Die anfangs so leichte Last drückte ihn inzwischen derart nieder, dass er sich zum ersten Mal anstrengen musste, um vorwärts zu kommen. Schon reichte ihm das Wasser bis zum Nabel. Er umklammerte seinen Palmbaumstab und stemmte ihn fest auf den Grund, um nicht auf den glitschigen Steinen auszugleiten. Er ächzte und keuchte. Was war das? Wie konnte ein kleines Kind mehr wiegen als alles, was er je getragen hatte? Was, wenn er strauchelte und das Kind herunterfiel? Er musste es hinüberbringen, unbedingt, er wollte es retten, wie er noch nie zuvor etwas gewollt hatte.

Er konnte sich kaum noch auf den Beinen halten. Wasserstrudel rissen an ihm. Äste und Stämme prallten auf seine Brust. Die Gischt schlug ihm schon bis zum Hals und warf ihn fast um. Immer schwerer wurde das Kind. In der Mitte des Stromes packte ihn das blanke Entsetzen. Er zitterte vor Anstrengung, als hätte er einen Felsen auf den Schultern. „Kind!", keuchte er, „was bist du schwer!" Verzweifelt kämpfte er sich vorwärts. Das Wasser schäumte über seinem Kopf zusammen, nahm ihm den Atem, und nur mit letzter Kraft gelang es ihm, einen Fuß vor den anderen zu setzen.

Schließlich erreichte er das Ufer, sackte auf die Knie und setzte das Kind auf der Erde ab.

„Wer bist du?", fragte er.

Das Kind schaute ihn an, und Ophorus war, als würde er ins Licht sehen. Da begriff er. Nun wusste er, wen er getragen hatte. Dieses Kind war jener, von dem der Einsiedler gesprochen hatte.

„Weil du mich getragen hast", sagte das Kind, „sollst du fortan nicht mehr Ophorus heißen. Dein Name soll Christophorus sein. Und dies nimm zum Zeichen, dass ich es bin, den du gesucht hast: Stecke deinen Stab in die Erde und er wird Wurzeln treiben."

Noch ganz benommen sah Christophorus, wie die Frau das Kind auf den Arm nahm, als sei es federleicht. Sie setzte sich auf den Esel. Der Hund lief voraus. Der Mann packte das Seil, das dem Esel um den Hals hing, bedankte sich für die Hilfe, und führte Esel samt Frau und Kind von dannen.

Christophorus aber kniete noch immer am Boden.

Verwirrt sah er ihnen nach und bedachte die Worte, die das Kind zu ihm gesagt hatte.

Als die Fremden in der Ferne verschwunden waren, nahm er seinen Stab, mit dem er all die Jahre durchs Wasser gegangen war, und rammte ihn tief in die Erde vor seiner Höhle.

Und siehe, als er am nächsten Morgen erwachte, grünte und blühte der Stab. Aus ihm war wieder ein Palmbaum geworden.

ES BRENNT NOCH LICHT

Es brennt noch Licht am Himmel
Da ist noch wer daheim
Noch hat das Dunkel nicht gesiegt
Noch können wir fröhlich sein

Es brennt noch Licht am Himmel
Noch ziehen wir unsere Bahn
Noch ist das Versprechen gegeben
Wärmen wir uns daran

Es brennt noch Licht am Himmel
Vertrauen wir seiner Macht
Gehen wir los und folgen ihm
Wie in der Heiligen Nacht